Die Community of Practice – das Team update

Gemeinsam lernen, wachsen, transformieren

Arnd Corts

Arnd Corts

Die Community of Practice (CoP) – Das Team-Update

Gemeinsam lernen, wachsen, transformieren

Bibliografische Information der Deutschen Nationalbibliothek: Die Deutsche Nationalbibliothek verzeichnet diese Publikation in der Deutschen Nationalbibliografie; detaillierte bibliografische Daten sind im Internet über dnb.dnb.de abrufbar.

(c) 2019/2021 Arnd Corts

Lektorat: Ursula Schröder, Kierspe

www.communites-of-practice.org

Herstellung und Verlag: Independently published

ISBN: 978-3-00-062843-6

Inhaltsverzeichnis

Wie dieses Buch entstand

„Teamarbeit macht keinen Spaß und führt zu nichts!"

Der Blick in die frustrierten Gesichter meiner KollegInnen nach einer wieder einmal viel zu langen Teamsitzung, bei der wenig bis nichts herauskam und die bestenfalls dem Teamleader dazu diente, sich in einem besseren Licht darzustellen, sprach Bände.

Andererseits – ich habe selten in meinem Leben so wichtige und schöne Dinge erlebt, wie in der Zusammenarbeit mit anderen Menschen. Gemeinsam Probleme zu lösen, Veränderungen kreativ zu gestalten und tiefe Beziehungen zu anderen Menschen zu entwickeln, gehört für mich zu den wirklich bereichernden Erfahrungen. Auch die Tatsache, dass am Anfang wirklich weltverändernder und -bewegender Dinge fast immer die leidenschaftliche Zusammenarbeit von einigen, manchmal sogar nur wenigen Personen steht, scheint in krassem Widerspruch zu „macht keinen Spaß und führt zu nichts" zu stehen. Wie kommt man nun aus diesem Dilemma heraus? Für beide Beobachtungen lassen sich schließlich zahlreiche Beispiele finden...

Seit Ewigkeiten machen sich Menschen, unabhängig davon, in was für einer Gruppe oder Zusammensetzung sie sich finden, Gedanken darüber, wie sie gut zusammenarbeiten können. Inwieweit können, dürfen oder sollen soziale Bindungen dabei eine Rolle spielen? Irgendwann einmal kam dann (aus dem Sport stammend) der Team-

Begriff auf. Tatsächlich spielt der *inhaltliche Kontext* oder die *Herkunft des Begriffes* dabei gar keine Rolle. Teams gibt es in Unternehmen, in Kirchen, im Bereich der sozial oder Umweltengagierten und natürlich (immer noch) im Sport. *Team* als Arbeitsform für Gruppen von Menschen hat allerdings auch Grenzen, unter anderem deswegen, weil möglicherweise jede/r der Beteiligten etwas anderes darunter versteht. Wenn es ganz schlimm kommt, muss *Team* sogar noch als Begründung dafür herhalten, warum die Dinge *nicht* funktionieren, obwohl die Ursachen für ein Misslingen vielleicht ganz woanders liegen. Was also liegt näher, als zu forschen was, wo, wie und unter welchen Umständen funktioniert (oder auch nicht)? Und wie kann eine Alternative aussehen?

Warum so viel Englisch und andere sprachliche Konventionen
Community, practice, islands of sanity... bei der Nutzung englischer Begriffe erfolgt – gelegentlich zu Recht – die Rückfrage, ob das sein müsse. Im Fall der Community of Practice ist die Antwort eindeutig Ja. Warum?

- Weil der Begriff „Community of Practice" ein international eingeführter Begriff ist, der überall auf der Welt verstanden wird.
- Weil es viele internationale CoPs gibt, die mit dieser Bezeichnung seit langem arbeiten.
- Weil er nicht zu übersetzen ist.

Übersetzungsversuche können nicht erfolgreich sein, weil die Begrifflichkeiten im Deutschen und Englischen unterschiedlich sind. Community kann übersetzt sowohl Stadt, Dorf, Gemeinde, Gemeinschaft, Gruppe, Verbindung oder Team bedeuten, Practice sowohl Praxis als auch Anwendung, Verwendung oder Nutzung. Die Community of Practice beinhaltet alle diese Begriffe. Was sie besonders macht, ist die Verbindung der Mitglieder untereinander, deren Beziehungsqualität und der transformatorischer Charakter der CoP.

Ich bitte also Dich, liebe Leserin oder Leser, schon einmal vorab um Verzeihung. Mit dem, was Dir vielleicht "Denglisch" erscheint, habe ich selbst oft und lange gerungen und mich in der Konsequenz auf die Notwendigkeiten beschränkt. Ich werde englische Begriffe da verwenden, wo es Sinn macht. Lass dir den Spaß also nicht verderben ...

Ähnlich halte ich es mit weiblicher, männlicher und sonstiger Adressierung. Gemeint sind grundsätzlich alle Geschlechter, auch wenn dies aus sprachlichen Vereinfachungsgründen nicht immer explizit ausformuliert wurde.

Meine Geschichte mit der Community of Practice

Vor einiger Zeit nahm ich an einer Expertenkonferenz eines Kirchenverbandes teil. Dieses Treffen fand turnusmäßig statt und schon im Vorfeld waren meine Erwartungen eher gemischt, da diese Treffen mit wenig Energie und wenig Begeisterung vorbereitet wurden. Als ich dort eintraf, gab es zwei Gruppen von TeilnehmerInnen, überwiegend ehrenamtliche Experten mit eher regionaler Ausrichtung – wie mich - und angestellte „Hauptamtliche", die ihren Schwerpunkt auf überregionaler Ebene hatten. Aus der ersten Gruppe sollte eine VertreterIn in die zweite gewählt werden, ohne dass Verantwortlichkeiten und Aufgaben klar waren oder im Vorfeld des Treffens kommuniziert wurden.

Viel schlimmer war, dass Teilmnehmende offenbar auf unterschiedlichem Kenntnisstand waren und es eine versteckte Agenda gab, die nicht offen kommuniziert wurde. Der Frust war also bei einigen TeilnehmerInnen unter den Ehrenamtlichen groß. Bis wir nachmittags eine Stunde für uns allein hatten. In dieser Runde, die keine Agenda und keine Leitung hatte, teilte ich meinen Mit-Leidenden mit, dass ich unter diesen Umständen nicht in der Lage wäre, eine Vertretung von uns in das übergeordnete Gremium zu wählen und auch selbst nicht dafür zur Verfügung stehen könne. Weiterhin sagte ich, dass ich am liebsten nach Hause fahren würde, da ich auch mit meinen KollegInnen aus dem Ehrenamt keine

Verbindung spüren würde. Dieser Augenblick war, als hätte jemand das berühmte Streichholz in ein Benzinfass geworfen.

Es erhob sich bei den Anwesenden eine Welle der gegenseitigen Bestätigung und Sympathie. Der vorher so niedrige Energielevel im Raum stieg schlagartig an und da war sie – die Verbindung miteinander und damit eine besondere Art von Gemeinschaft oder genauer das, was in diesem Buch als „community" bezeichnet wird. Dadurch kühn geworden, schlug ich vor, sich in dieser Runde in einigem zeitlichen Abstand erneut zu treffen. Denn die wirklich interessanten Gespräche fanden im informellen Teil des Treffens statt... Was funktioniert bei Dir in Deiner Region und bei Deiner Arbeit? Was genau sind die Umstände für dieses Funktionieren? Können wir das so weit besprechen, dass Deine Erfahrung für uns alle nachvollziehbar und – wo möglich und sinnvoll – vielleicht sogar reproduzierbar ist? Wie können wir das Momentum aufrechterhalten, das wir hier gerade spüren? Es ging also um

- Lernen
- Gemeinsam vorankommen
- Sich verbinden und
- Ein Transformieren dessen, was wir vorgefunden hatten.

Das ist die Kurzformel für die

Community of Practice (CoP),

wie sie in diesem Buch beschrieben wird. Wie alle Menschen bin ich im Laufe meines Lebens mit vielen Gruppen, Teams und Communities unterwegs gewesen und bin es noch, darunter unter anderem: eine kirchliche Gemeinschaft, mehrere Unternehmen und darin Teams und Geschäftsleitungen, eine Loge, eine Partei, ein Aufsichtsrat, mehrere Sportvereine, Freundes- und Interessenkreise, verschiedene Leitungsgremien und so weiter. Manche davon waren institutionalisiert, andere informeller Natur.

In einigen Vereinigungen bin ich allerdings *nicht* mehr und das aus gutem Grund. Auch das teile ich mit vielen anderen Menschen, und auch hier sind Ursachen und Anlässe für das Aussteigen vielfältig. Seien es ungeklärte Erwartungen, Differenzen zwischen Anspruch und Wirklichkeit oder die Tatsache, dass Menschen sich in unterschiedlichem Tempo entwickeln, um nur einige Ursachen zu nennen.

Aber es geht auch anders. Heute überlege ich mir sehr genau, wo ich mich engagiere und wo nicht. Möglichkeiten, mich mit anderen zu verbinden, zu lernen und zu wachsen sind die Grundlage für meine Entscheidungen, und wenn dabei noch die Aussicht besteht, Situation oder Organisation zu transformieren, bin ich mit Feuereifer dabei. Dabei stellt sich mir immer wieder die Frage:

Was ist das Geheimnis

einer Gemeinschaft von Menschen, bei der man das Gefühl hat, vorwärts zu kommen, „zu wachsen", bei der man einfach gern dabei ist und eine starke Verbundenheit entstehen kann? Wo kann man sich für Themen einsetzen, für die man sich begeistert und die Welt – so klein der Einfluss auch zu sein scheint – zu einem besseren Ort machen? Meine Antwort darauf ist die Community of Practice (CoP), so wie ich sie vielfach in unterschiedlichsten Zusammenhängen kennenlernen durfte und hier beschreibe. Die CoP kann auf Erkenntnisse und Werkzeuge zurückgreifen, die sich bereits erfolgreich in Team- und Gruppenprozessen bewähren. Sie ist aber immer offen und flexibel und so bestens gerüstet für Anforderungen, die die Zukunft bereithält. Die Nutzung moderner Kommunikationstechnologie erweist sich bei dieser Art von Community häufig als unterstützend, manchmal sogar notwendig. Sie darf aber auch weggelassen werden, denn die Versuchung ist immer groß, aus Hilfsmitteln oder Werkzeugen selbst *Themen* zu machen - für manche mehr, für andere weniger.

Ich wünsche Dir als LeserIn viel Freude und vor allem, dass dieses Buch Deinen persönlichen Praxistest besteht. Mir haben die beschriebenen Prinzipien viele Räume geöffnet, die es mir ermöglicht haben:

- einen neuen und „erwachsenen Zugang" zum Thema Lernen zu bekommen, der oft auch noch völlig stressfrei ist und Spaß macht
- persönliches Wachstum zu erfahren
- mich mit anderen zu verbinden und Gemeinschaft zu gestalten, zu erfahren und zu genießen
- Transformation zu erleben und dadurch an vielen Stellen Teil von etwas Werdendem zu sein

Alle in diesem Buch beschriebenen Beispiele sind in der Realität tatsächlich so passiert, jedoch stark verfremdet, häufig vereinfacht und ergänzt beschrieben. Auf diesem Wege versuche ich, sie übersichtlicher und verständlicher zu machen und die realen Personen zu schützen. In der Realität sind die Entwicklungslinien selten so einfach und gradlinig. Das sollte aber nicht entmutigen. Die Geschichten, die sich daraus entwickeln, sind trotz aller Irrungen und Wirrungen inspirierend und beispielhaft.

Dieses Buch ist interessant für Dich, wenn...

... Du z.B. einem Team, einer Hobbygruppe, einer Bürgerinitiative, einer Partei, einer Kirchengemeinde, einem Unternehmen oder einer sonstigen Gruppe von Menschen neues Leben einhauchen, diese neu gründen oder vorwärtsbringen möchtest.

... Du Wege suchst, wie man aus einer Gruppe eine Community bildet, deren Mitglieder lebendige Beziehungen untereinander aktiv gestalten.

... Du Räume für mehr Energie, Kreativität, Produktivität, Entwicklung, Inklusion und Wohlfühlen öffnen möchtest.

... oder wenn Du bessere Möglichkeiten suchst, wie Menschen gemeinsam lernen.

Auch wenn Deine Organisation kriselt oder Erneuerung von innen braucht, wirst Du hier wertvolle Hinweise finden, wie das gelingen kann. Die zahlreichen Beispiele zeigen, dass es für eine CoP keiner großen Vorbereitungen, keiner besonderen Voraussetzungen oder Fähigkeiten bedarf, damit sie funktioniert.

Jede CoP wächst mit ihrer Geschichte und mit ihren Mitgliedern ... sie ist als System nie fertig und in stetem Wandel begriffen.

Die Herkunft der CoP liegt in der Wissenschaft, genauer: den Sozialwissenschaften (Lerntheorie), der Umweltbewegung und der

Wirtschaft, die das Konzept zu jeweils unterschiedlichen Zeiten und teilweise unabhängig voneinander für sich entdeckt haben. Das macht sie ideologisch frei, vielseitig ein- und einfach umsetzbar.

Moderne Arbeitstechniken, wie Agiles Management oder Scrum verwenden Teilaspekte der CoP vor allem dann, wenn sie den engen Rahmen der eigentlichen "Techniken" verlassen oder Veränderung konkret werden lassen wollen.

Ein Vorschlag:

Frage Dich, bevor Du weiterliest, mit welchen Augen Du die CoP sehen möchtest. Hast Du eine konkrete Gruppe (Team, Firma, Partei ...) vor Augen? Dann wirst Du sehr gut vergleichen können, wo, wie und an welchen Stellen Euch die CoP unterstützen kann. Ist das nicht der Fall, stelle Dir die Gruppe vor, *die Du gerne hättest*! Mit welchen Menschen möchtest Du ein Thema oder eine Leidenschaft teilen? Mit wem Dich verbinden? Was willst Du/ wollt Ihr lernen und wo Wachstum erfahren?

Und dann ... tu es einfach. Gründe Deine Community!

Eine Community of Practice ist eine Gruppe von Menschen, die eine Leidenschaft (das „Thema") teilt und gemeinsam lernen, wachsen und sich durch bewusst gestaltete Beziehungen miteinander verbinden.

Wo immer sich Menschen finden, die eine gemeinsame Leidenschaft teilen oder gemeinsam etwas (oder mehr) erreichen möchten, kann das Konzept der Community of Practice von großer Hilfe sein. Dabei kann auch die positive Veränderung eines bestehenden Systems ein mögliches Ziel sein.

Die Community of Practice ist bereits in vielen unterschiedlichen Umfeldern erprobt und bewährt. Bei der CoP handelt sich nicht um ein neues Management-Tool, ein Vorgehen, wie Öko-Aktivisten Kampagnen entwickeln oder Kirchengemeinden lebendiger werden, obwohl die CoP in diesen Fällen beispielhaft ihre Wirksamkeit gezeigt hat. Viel interessanter als das Entwickeln oder Benutzen eines Werkzeugs ist für mich das Entdecken der wirkenden Prinzipien und deren praktische Anwendung. Stephen R. Covey hat in seinem Buch „Die 7 Wege zur Effektivität" *Prinzipien* als die „Grundgesetze menschlichen Zusammenwirkens" bezeichnet und sie als zeitlos, allgemein gültig und effektiv beschrieben. So möchte ich auch die Community of Practice als mindestens prinzipienorientiert bezeichnen, wenn nicht sogar als Prinzip selbst.

Vielleicht lösen CoPs nicht die ganz großen Probleme dieser Welt. Aber sie sind ein ideales Mittel, Verbesserungen im kleineren Kreis umzusetzen und damit schaffen sie möglicherweise das, was Margaret Wheatley als „Inseln der Vernunft" (Islands of Sanity) oder - wie hier begrifflich leicht abgewandelt - Inseln des Gesunden beschreibt. Mit diesen Inseln können die Dinge im kleinen Maßstab zum Positiven verändert werden und damit große Wirkungen entfalten.

Der besondere Vorteil der CoP als Organisationsform liegt darin, dass sie eine ständige Erneuerung/Veränderung von innen heraus ermöglicht, ohne z.B. gleich die komplette Organisation in Frage stellen zu müssen. Der Anpassungsgrad der CoP ist sehr hoch und ideal, um Reibungsverluste weitestgehend zu vermeiden.

Das Lesen dieses Buches wird sich also in jedem Fall für Dich lohnen. Die Gemeinschaft, Gruppe oder das Team, in deren Interesse Du dieses Buch liest, erhalten mit der Community of Practice großartige neue Möglichkeiten, ihre Lebenswelt positiv zu beeinflussen und zu verändern. Große und wichtige Veränderungen beginnen bekanntlich meistens im Kleinen. Also leg los!

Was ist eine Community of Practice (CoP)?
Es gibt etwas, was Manager, Pfarrer, Kampfkunst-Interessierte und Umwelt-Aktivisten miteinander verbindet. Es ist nicht die gemeinsame Einstellung gegenüber aktuellen Fragen der Zeit gemeint. Tatsächlich aber teilen die meisten Menschen die Erfahrung, irgendwann einmal in ihrem Leben gemeinsam mit anderen leidenschaftlich an etwas gearbeitet und etwas ihnen Wichtiges bewegt zu haben. Vielleicht geschah das schon in einer Community-

of-Practice-ähnlichen Gemeinschaft.

CoP = Leidenschaft, Lernen, Verbinden, Transformieren

Eine CoP lässt sich am besten als System von Menschen beschreiben, die eine Leidenschaft (*Thema*) teilen und gemeinsam lernen, wachsen und sich miteinander verbinden. Das Prinzip ist immer das gleiche, unabhängig von der Fragestellung und den Umständen, unter denen sich die CoP bildet. Es braucht für eine CoP keinen Eintrag in das Vereinsregister, Parteibuch oder die Handwerkerrolle. Sie kann, muss aber nicht Bestandteil in Aufbau- oder Ablauforganisation eines Unternehmens sein und bedarf keiner besonderen Legitimierung. Häufig *geschieht* sie einfach - und nach einiger Zeit sind die Mitglieder erstaunt, was sich alles entwickelt. Sie kann auch von außen gestartet werden (z.B. wenn eine Geschäftsleitung oder ein Leitungsgremium sie beruft).

Die *Entwicklung* der CoP selbst geschieht allerdings immer als Prozess von innen nach außen. Sie kann nur zwei oder tausende von Mitgliedern haben. Sie kann einen Zweck oder ein Ziel besitzen, sie kann aber auch *einfach so* existieren, z.B. weil die Mitglieder Spaß an *ihrem* gemeinsamen Thema haben.

Sie braucht keinen Namen, aber ein "Feuer in der Mitte des Kreises" und damit vor allem eins: Leidenschaft. Es kann um die unterschiedlichsten Themen und Schwerpunkte gehen, wie die später geschilderten Beispiele zeigen.

CoPs gibt es, seit es Menschen gibt. Die oben genannte Beschreibung passt auf steinzeitliche Kulturen, wo Menschen vor einer Höhle sitzen und sich darüber austauschen, wie man in ihrer Gegend am besten jagt, wie man Feuer machen oder wie man am besten Splitter für Werkzeuge aus Feuersteinen schlagen kann. Man hätte die CoP im mittelalterlichen Kloster antreffen können, wenn Mönche darüber brüten, wie man billiger Farben für Manuskript-Kopien gewinnen kann. Sie hätte ihren Platz in Unternehmen der industriellen Revolution gehabt, wo sich Ingenieure zusammenfanden, um ein neues Fertigungsverfahren zu optimieren. Sie wäre gebraucht worden, wo sich Menschen einer Abteilung in einer modernen Firma treffen, um die missglückte Einführung einer neuen Software in ihrer Abteilung zu korrigieren. Sie ist allgegenwärtig im Silicon Valley und in lokalen Nachbarschaften, die Umweltzerstörung verhindern wollen und anfangen, ihre Interessen gemeinsam zu vertreten. Sie ist lebendig in Schulen, wo Lehrer als Umsetzungsteam daran arbeiten, den Gedanken der Inklusion nicht scheitern zu lassen und neue, effektive Formen der Wissensvermittlung zu entwickeln.

Sie kann die Schwachen stark werden lassen, denn wenn Menschen mit einer gemeinsamen Stimme sprechen, sind sie viel stärker als jeder für sich.

Was all diese Gruppen bewegt ist, dass CoPs weit über das hinausreichen, was Menschen üblicherweise z.B. in Teams, Arbeitsgruppen, Parteien oder Kirchen erleben. Das Besondere ist die Verbindung der Menschen untereinander in Kombination mit Leidenschaft und bewusstem Lernen. Diese Kombination kann neue Perspektiven der Umsetzung bieten und sogar gezielt steuern, es entstehen *Möglichkeitsräume*[1]. Zur Anwendung kommen keine statischen oder linearen Abläufe, keine einfachen Quick-Fix-Lösungen im Sinne von „Du musst nur… dann wirst du auch…" für komplexe Probleme. Hier geht es vielmehr um eine Einstellung der Beteiligten, offen zu sein für etwas Größeres als sie selbst, ihre Gruppe oder die sie umgebende Lebenswelt.

Leidenschaft + Thema: die Nutzenperspektive

CoPs können unterschiedlichste Ziele und Interessen verfolgen. Trotzdem lassen sich zum verbindenden Thema immer die folgenden Fragen stellen:

Wem nutzen wir?

Wem helfen wir?

Wen unterstützen wir?

---

[1] Ein Möglichkeitsraum ist ein *virtueller* Raum, der sich öffnet, wenn eine Gemeinschaft Möglichkeiten jenseits dessen erschließt, was bisher war oder gegenwärtig ist. Möglichkeitsräume werden in einem eigenen Kapitel im weiteren Verlauf des Buches genauer erläutert.

Dahinter verbergen sich die Fragen nach dem Ziel und Zweck der Community. Natürlich kann man sich z.B. mit Freunden auch „zweckfrei" treffen, um einfach eine gute Zeit miteinander zu haben. Bei der Community of Practice geht beides! Es gibt ein gemeinsames Thema, das mit Leidenschaft verfolgt wird. Aus dem Thema folgt direkt oder indirekt der Nutzen. Der Nutzen kann für die CoP Mitglieder selbst im Vordergrund stehen oder auch für Externe. Idealerweise fällt beides zusammen. Eine CoP, die sich für Umweltbelange einsetzt, wird ihren Nutzen vor allem außerhalb von sich selbst sehen. Eine CoP, die Trainees hilft, einen guten Start im für sie neuen Unternehmen zu gewährleisten, bietet Nutzen innerhalb der Community. Eine CoP, die eine Gemeinschaft für Freunde des traditionellen Bogenschießens darstellt, bietet ihren Mitgliedern unmittelbaren Nutzen durch Erfahrungsaustausch, kann aber ihr Thema durch das Ansprechen einer breiteren Öffentlichkeit auch für Externe nutzbar werden lassen. Ein häufiger Weg ist, dass eine CoP sich anfänglich vorrangig um sich selbst dreht, dann aber beginnt, im Sinne einer gesunden Weiterentwicklung den Fokus auf andere Themen zu richten. Sie durchläuft dann eine Entwicklung im Sinne des "Von Innen nach Außen". Je professioneller der Ansatz oder das Umfeld der CoP, desto mehr wird die Nutzenperspektive im Vordergrund stehen und desto klarer sollte diese kommuniziert werden. Für eine Community innerhalb einer Firmenorganisation wird hinsichtlich des Nutzens eher ein Rechtfertigungszwang bestehen als bei einer Freizeit- oder Hobbygruppe.

Die CoP als Motor für Veränderung

Hinter dem Begriff Transformation, der hier synonym für „Veränderung" verwendet werden soll, steht die Frage: *was kann ein System insgesamt gesunden lassen?*

"Die Zeiten ändern sich" – man mag es schon nicht mehr hören. Auch die Phrase, dass „der technische Fortschritt unaufhaltsam" ist, erfreut sich allgemeiner Beliebtheit. Doch trotz der sich rasant ändernden Lebensumstände und einer Explosion an individuellen und kollektiven Möglichkeiten, gelingt es häufig nicht, echte und nachhaltige Lösungen zu entwickeln. In Unternehmen und anderen Organisationen herrscht ein erheblicher Druck, sich ständig verändernden Gegebenheiten anzupassen. Häufig bestätigt sich die Erfahrung, dass bei aller Schnelligkeit und Kurzlebigkeit kaum noch Gelegenheit bleibt, komplexe Fragestellungen einer Situation bis in die Tiefe zu verstehen und zu handhaben. Methoden, die schnelle Erfolge versprechen und bei genauerer Betrachtung eher Flickwerk gleichen, verkaufen zweifelhafte Auswege aus offensichtlicher Wirkungslosigkeit.

Warum haben Menschen, Teams, Unternehmen und ganze Gesellschaften zunehmend den Eindruck, für die drängenden Probleme der Gegenwart keine Lösungen mehr parat zu haben? Eine Antwort ist, dass Strategien und Vorgehensweisen, die sich in der Vergangenheit bewährt haben, zunehmend weniger funktionieren.

Vor wenigen Jahren war die Bemerkung „Das haben wir schon immer so gemacht" eine ernste verbale Keule, die Veränderungsbemühungen schon im Keim in Diskussionen ersticken konnte. Wehe den Organisationen, bei denen das heute noch so läuft...

Immerhin sehen viele Menschen, Unternehmen und Organisationen mittlerweile der Tatsache ins Auge, dass permanenter Wandel unvermeidbar und tatsächlich sogar gestaltbar ist, genau wie permanentes Lernen - und das idealerweise angstfrei und verbunden mit Freude bei der Umsetzung.

Die Wahrscheinlichkeit, dabei als EinzelkämpferIn erfolgreich zu sein, ist eher gering. Warum also nicht eine Community bilden, die sich der Veränderung des Bestehenden hin zu etwas Gesundem, Positiven widmet? Dass es sich nicht um graue Theorie handelt, beweisen die unten beschriebenen „Inseln des Gesunden".

<u>Was ist ein gesundes System?</u>
Man muss nur die Augen offenhalten, um festzustellen, dass an vielen Orten, die von Niedergang und Depression bestimmt zu sein scheinen, auch Inseln des Gesunden zu finden sind. Sofern man danach sucht.

Der Begriff „Gesundes System" beinhaltet die Wörter System und gesund. Ein System besteht aus einer Anzahl von Teilen, die miteinander auf eine bestimmte Weise verbunden sind. Ändert oder bewegt sich eine Komponente, verändert sich das ganze System. Wenn man an einem Ast zieht, bewegt sich, wenn auch größtenteils unmerklich, der ganze Baum bis in die Wurzeln hinein. Mit „Teilen" können Menschen gemeint sein, aber auch technische Mittel. Ein System besitzt eine Identität als System, aber auch die Mitglieder besitzen eine Identität als Ich-Mitglied innerhalb des Systems.

Bei der CoP zum Beispiel handelt es sich um Menschen, die miteinander in Beziehung stehen. Sie haben individuelle Interessen, aber auch ein gemeinsames Thema, eine gemeinsame Leidenschaft, und kennzeichnen so das System CoP.

Als *gesund* wird dieses System dann verstanden, wenn die Mitglieder der Community eine gemeinsame Basis miteinander haben und ihr Selbstverständnis daraus ziehen, miteinander kommunizieren und – so sie es wollen – als Gemeinschaft wachsen. Das Ganze ist mehr als die Summe seiner Teile und auch das gehört zum Grundverständnis der Community: Das Miteinander ermöglicht mehr, als wenn sich die Mitglieder einzeln für ihr Interessensgebiet engagieren. Gesunde Systeme sind gekennzeichnet durch:

- Ein hohes Energielevel
- Frei fließende, direkte und höfliche Kommunikation
- Offenheit nach Innen und Außen

- Flexibilität, um sich auf verändernde Umstände einstellen zu können
- Ressourcen, um anstehenden Aufgaben bewältigen zu können
- Stabile und freundliche Beziehungen
- Möglichkeit und „Willen zum Sinn"[2]
- Fähigkeit zur Transformation
- Selbstwirksamkeit
- Fähigkeit, heilende Prozesse zu initiieren
- ...

Vielen Menschen ist bewusst, dass sie in einer Vielzahl von Systemen eingebunden sind, jedoch selten in wirklich gesunden. Sie erleben dann das Gegenteil:

- niedriger Energielevel
- blockierte oder gewalttätige Kommunikation, „Gossip"
- Geschlossen oder blockiert nach Innen und Außen
- unflexible Haltung, nicht in der Lage sein, sich auf verändernde Umstände einstellen zu können (oder diese überhaupt nur wahrzunehmen)
- keine Ressourcen, um die anstehenden Aufgaben bewältigen zu können
- belastete oder belastende (oder keine) Beziehungen

---

[2] Der Begriff „Wille zum Sinn" stammt von Victor Frankl (siehe auch dazu das gleichnamige Buch von Frankl). Er sah darin den weitestgehenden Anspruch eines Menschen, eben diesem Menschsein durch das Realisieren seiner individuellen Werte Ausdruck zu geben. Damit verbunden ist Motivation und Wille, diesen Sinn auch umzusetzen.

- Sinnfreiheit, kein „Wille zum Sinn"
- Unfähigkeit, sich zu transformieren
- Gefühl der Ohnmacht
- Unfähigkeit zu heilenden Prozessen
- ....

Die Folgen davon sind sogar gesundheitlich für beide Identitäten des Systems (individuell und kollektiv) spürbar, denn sinnentleertes Arbeiten kann krank machen. Und das gilt im Kleinen genauso wie im Großen. Auch Systeme können krankmachen. Hilfe versprechend hingegen die Islands of Sanity.

Islands of Sanity – Inseln des Gesunden

In ihrem Buch „Who do we choose to be?"[3] stellt Margaret J. Wheatley fest, dass die großen und drängenden Probleme dieser Welt wahrscheinlich *nicht* gelöst werden können, obwohl alles zu ihrer Lösung Nötige längst vorhanden ist (Technologie, Informationen, guter Wille, Vorhandensein der Institutionen...). Wir sind als Menschheit konfrontiert mit

- Massenmigration von Süd nach Nord
- Klimaerwärmung
- Ungezügeltem Kapitalismus

[3] „Who Do We Choose To Be?: Facing Reality, Claiming Leadership, Restoring Sanity", Margaret Wheatley, Berrett-Koehler Publishers Juni 2017

- Vormarsch autoritärer Despoten, selbst in eigentlich stabilen Demokratien
- Auseinanderklaffen der Armutsschere
- ...

um nur einige der schwerwiegenden Probleme zu nennen. Trotz eines Zusammenwachsens der Menschheit durch Internet, internationalen Handel und eines sich entwickelnden globalen Bewusstseins in vielen Kulturen und Ländern, scheinen die destruktiven Kräfte immer wieder die Oberhand zu gewinnen und einer ressourcenschonenden und gerechten Weltordnung keine Chance lassen zu wollen. In den Industrieländern ist es einem deutlich gestiegenen Umweltbewusstsein zum Trotz fast unmöglich, als Individuum einen für diese Erde vertretbaren ökologischen Fußabdruck zu hinterlassen[4], um nur ein Beispiel auf individueller Ebene zu nennen. Was also ist die Folge? Resignation? Nicht, wenn es nach Margaret Wheatley geht. Stattdessen schlägt sie vielmehr sog. „Islands of Sanity" (Inseln der Vernunft) vor, Inseln des Gesunden in dieser chaotischen und scheinbar dem Untergang geweihten Welt.

Eine Insel des Gesunden ist ein Ort, an dem es Menschen gelingt, sich zu verbinden und gemeinsam in *ihrem Umfeld bzw. ihrem Einflussbereich* die Dinge besser zu machen. Das kann, muss aber

---

[4]https://www.welt.de/dieweltbewegen/sonderveroeffentlichungen/article106368 629/Wie-viel-Erde-braucht-der-Mensch.html

nicht Vorbildfunktion für andere oder gar missionarischen Eifer mit sich führen. Es gehe vielmehr darum, mit dem,

- was wir haben
- wo wir sind und
- mit wem wir sind

das Modell einer besseren Welt im Kleinen zu bilden. Eben eine Insel des Gesunden in einer stürmischen See aus Zerstörung und Niedergang. Es handelt sich nicht um eine Theorie esoterisch verbrämter Sozialromantiker, denn diese Inseln des Gesunden gibt es schon. Sie finden sich als

- Mikro-Tauschwirtschaft in Städten und Dörfern („Ich brauche deine Bohrmaschine, dafür gebe ich deinem Kind Nachhilfe")
- Initiativen, die ein Carsharing-Projekt in ihrer Nachbarschaft starten
- Kirchengemeinden, die die diakonische Versorgung älterer und hilfsbedürftiger Menschen unabhängig von anderen Institutionen selbst organisieren
- Urban Gardening („Anwohner pflanzen in ihrer Straße brachliegende Blumenkübel und kleine Grünflächen auf")
- Urban Farming („verfallene Brachen in ehemaligen Industriestädten werden zu Feldern umfunktioniert und von Anwohnern mit Gemüse bebaut")
- Bauern, die ihren Hof als Genossenschaft für ihre Konsumenten öffnen („Werde Pate (d)einer Kuh")

- Mieter, die ihre Immobilie gemeinschaftlich selbst kaufen, bevor sie Spekulanten zum Opfer fällt
- und vieles mehr

Die Menschen, die sich auf diesen Inseln des Gesunden niederlassen, stellen fest, wie viel Kreativität, Optimismus, Energie und Gemeinschaft diese erzeugen. Manche Initiativen werden nach anfänglichen Mühen zum Selbstläufer, weil Menschen sich von ihnen angezogen fühlen und Gemeinschaften entstehen, die Sinn und Bezug bieten.

Tugenden wie Vertrauen, Freundlichkeit und Großzügigkeit bilden ein Gegengewicht zu der immer weiter um sich greifenden Angst, Aggression und Spaltung in allen Gesellschaften. Selbst Massenmedien, die sich sonst gern auf schlechte Nachrichten konzentrieren, fühlen sich von gelingenden Projekten fast magisch angezogen.

So konnte man sogar in deutschen Zeitschriften verfolgen, dass sich in Detroit / Michigan, einer Stadt, die offiziell pleite und in weiten Stadtvierteln gefahrlos gar nicht zu betreten war, Initiativen fanden, die auf Brachflächen Gemüse anbauen.[5] Wer sich mal längere Zeit in den USA aufgehalten hat, weiß frisches Gemüse aus ökologischem

---

[5] https://www.tagesspiegel.de/wirtschaft/berliner-fotograf-in-detroit-wie-junge-farmer-die-pleitestadt-der-autoindustrie-erobern/10825836.html

Anbau zu schätzen! So entstehen in Gegenden, in denen man sich bisher kaum auf die Straße traute, Inseln des Gesunden: Urban farming in einer Lebenswelt, die von vielen schon aufgegeben wurde. Die in den früheren No-Go-Areas verbliebene Bevölkerung bekommt nun die Chance, sich selbst gesünder zu ernähren, kleine Gewerbe zu entwickeln und sich miteinander in Communities of Practice zu verbinden. Es gelingt auf diese Weise sogar, Kindern und Jugendlichen, die mit Bandenkriminalität und schlechter Schulbildung aufwachsen, Wege zu zeigen, um die Spirale aus Hoffnungslosigkeit, Gewalt, Drogen und Perspektivlosigkeit zu verlassen.

Und warum kann man Probleme nicht einfach lösen, wenn sie doch so offensichtlich und Lösungsansätze so naheliegend sind? Eine Antwort darauf kann gefunden werden, wenn man sich anschaut, wie sich Herausforderungen über die Zeit verändert haben.

Die Evolution der Herausforderungen

Im Verlauf der Menschheitsgeschichte haben sich Qualität, Reich- und Tragweite der zu bewältigenden Aufgaben verändert. Mit der Zunahme der weltweiten Bevölkerung, den immer schneller überbrückbaren räumlichen Distanzen und den Fortschritten in den Informationstechnologien änderten und entwickelten sich Lebensumstände und damit einhergehend die entsprechenden Bewältigungsstrategien. Die daraus resultierenden Probleme oder Fragestellungen (hier als *Herausforderungen* bezeichnet) lassen sich so betrachten:

- Wo ist der Fokus? Eher lokal, weiter gefasst oder sogar global? ("Ich, wir oder wir alle")
- Ist die Herausforderung überhaupt klar erkenn- und formulierbar?
- Welche und wie viele Bedingungen (Prämissen) sind bekannt?
- Kann es eine Lösung, mehrere Lösungen oder vielleicht gar keine geben?

Daraus ergeben sich grob gefasst drei Kategorien:

1. Herausforderungen früher

Fokus: lokal/Ich/meine Familie: *Einfache Fragestellung*

Klare Fragestellung -> wenige, bekannte Prämissen -> eine Lösung

Beispiel: „Die Jagdgründe sind erschöpft – der Stamm zieht weiter"

2. Herausforderungen gestern und heute

Fokus: „Insel" /Wir/unser Dorf: *Komplizierte Fragestellung*

Klare Fragestellung -> mehrere, bekannte Prämissen -> eine Lösung, die u.U. weiterentwickelt werden kann

Beispiel: „Ein Verbrennungsmotor ist ein eingesperrtes Feuer"

3. Herausforderungen heute und morgen

Fokus Global /Wir alle/ die Welt): *Komplexe Fragestellung*

Fragestellung klar, unklar oder gar nicht formulierbar -> mehrere, teilweise nicht bekannte Prämissen -> mehrere Lösungen oder auch gar keine Lösung/ Lösung als fortlaufender Prozess

Beispiel: „Die Ursachen sind noch nicht vollständig bekannt oder lassen sich bereits vollständig beschreiben, aber die Erderwärmung erfordert nachhaltige Lösungsansätze auf vielen Ebenen"

Einfache und komplizierte Herausforderungen sind nicht durch komplexe Herausforderungen ersetzt worden. Sie sind immer noch vorhanden und bestimmen häufig sogar den Alltag. Komplexe Herausforderungen bedeuten hingegen eine neue Qualität, da sie mit Unwägbarkeiten verbunden sind und sich präzisen Analysen entziehen. Manchmal kann es auch ein „Werden" einer Lösung über einen Zeitraum hinweg bedeuten oder viele kleine Teillösungen, die immer wieder korrigiert werden. [6]

Denkbar ist sogar, dass bei komplexen Herausforderungen eine Lösung gar nicht in Frage kommt, sondern der Prozess des Beobachtens, Begleitens, manchmal auch der Heilung, der einzig mögliche Weg sein kann, mit einer bestimmten Fragestellung umzugehen. Insofern ist die ganze menschliche Existenz komplex – denn unser genetisches Erbe und sich ständig wandelnde Umstände scheinen uns immer weiter voranzutreiben. Das macht Komplexität schwerer greifbar und viele Menschen, häufig leider auch Entscheidungsträger, machen einen Bogen um sie oder versuchen, sie zu einfachen oder komplizierten Herausforderungen umzubiegen („Alles kein Problem, wir müssen nur... dann wird auch..." Obwohl

---

[6] Der Begriff der Komplexität, wie er hier verstanden wird, ist eine Folge des seit ca. dem Ende der 60er /Beginn der 70er entstandenen Prozesses, der auch als Bildung eines globalen Bewusstseins verstanden werden kann. Globales Bewusstsein in dem Sinn, dass sich die Erde als ein großes Lebewesen sehen lässt, das auf vielfältigsten Ebenen miteinander verbunden ist. Die Folgen waren nicht nur erkenntnismäßiger Art, sondern beeinflussten in den letzten Jahrzehnten auch mehr und mehr unsere Wahrnehmungen und Entscheidungen. Siehe dazu auch die „Gaia Hypothese": https://de.wikipedia.org/wiki/Gaia-Hypothese

schwieriger zu handhaben, werden komplexe Herausforderungen zunehmend relevanter. Denn sie haben oft eine hohe Reichweite und kleine Änderungen („Hebel") können gewaltige Veränderungen nach sich ziehen.

Auf viele der aktuellen Fragestellungen kann nur dann eine Antwort gefunden werden, wenn die dahinterstehende Komplexität erkannt und dadurch greifbarer wird. Es macht also sehr wohl einen Unterschied, "ob in China ein Sack Reis umfällt"….[7]In allen Fällen, von einfach bis komplex, ist die CoP hilfreich, da sie die Lebensrealität ihrer Mitglieder widerspiegelt, reflektiert und das Potential zur Transformation hat.

Das folgende Beispiel „Kandidatenwahl" sieht sich mit Herausforderungen auf allen drei Ebenen konfrontiert und bildet als Antwort darauf eine Community of Practice. Das Beispiel stammt aus der Politik, aber die Herangehensweise lässt sich auch auf völlig anderen Felder übertragen.

---

[7] Diese Zusammenhänge werden mittlerweile in einer eigenen Forschungsdisziplin behandelt, der „Chaos Forschung": https://www.spektrum.de/lexikon /psychologie/ chaostheorie/2778

Beispiel: Kandidatenwahl

Zur Verdeutlichung der Unterschiedlichkeit von Herausforderungen und dem Lösungsansatz durch die CoP betrachten wir exemplarisch die Situation einer politischen Partei, die sich sowohl mit einfachen und komplizierten als auch komplexen Herausforderungen konfrontiert sieht und eine Community of Practice (CoP) bildet.

Unsere nicht ganz große Partei (in einer mittleren Großstadt) hat in der Vergangenheit mit wechselnden Erfolgen Kampagnen gefahren und den ein oder anderen Bundestagsabgeordneten „ins Amt gehievt". Im Laufe der Jahre ist die Situation jedoch für uns immer schwieriger geworden, da die Botschaften nicht mehr so einfach unter die Menschen zu bringen sind und Wahlkämpfe mehr und mehr zu teuren Materialschlachten werden. Hinzu kommt, dass die Stammwählerschaft wechselwilliger geworden ist und es nicht mehr reicht, den berühmten „Besenstiel" aufzustellen, während früher die Kandidatenfrage mehr oder weniger egal war („Die Inhalte zählen").

Außerdem entwickelt sich eine Tendenz dahin, dass gewählte Abgeordnete im fernen Berlin ihren Job machen und gelegentlich den Kontakt zur Basis verlieren.

Die Stimmung in der Partei ist unabhängig von dem Thema der Kandidatenwahl grundsätzlich gedämpft bis pessimistisch, da sich das politische Klima insgesamt zu wandeln scheint.

Nachdem sich fast jedes Mitglied auch mal die Frage stellt, ob ein Austreten aus der Partei nicht sinnvoller wäre, findet man sich aufgrund von Gesprächen in den Pausen zwischen Anlässen zusammen und stellt fest, dass die vertretene politische Richtung in der Stadt einfach zu wichtig ist, um sie aufzugeben. Außerdem gibt es keine echte politische Alternative. In dieser Situation findet sich eine Community of Practice zusammen, die sich aus Parteimitgliedern, Funktionsträgern und Sympathisanten ("Freunde") bildet. Die Community entsteht in dem Bewusstsein, dass es so nicht weitergehen kann und die früher mal erfolgreichen Werkzeuge so nicht mehr funktionieren. Die Community sieht sich mit einer Vielzahl von Fragestellungen konfrontiert, von denen einige kompliziert, einige komplex und einige einfacher Natur sind. Immerhin – im Gegensatz zur übrigen Partei ist die Stimmung in der CoP gut und alle sind leidenschaftlich motiviert, sie bilden also auch eine Insel der Gesundheit innerhalb der Partei.

Kandidatenwahl: Die einfache Herausforderung
Fragestellung; Wie kann ein Parteitag zur Auswahl einer geeigneten Kandidatin /eines geeigneten Kandidaten geplant werden?

Es handelt sich hier um eine einfache Herausforderung, da die Prämissen (z.B. Statuten, Fristen, mögliche Tagesordnung) bekannt sind und eine Lösung genau beschrieben werden kann: der gut organisierte Parteitag.

Für die CoP ist klar, dass dieses Verfahren weitgehend durch Statuten und bewährte Verfahren aus der Vergangenheit geregelt ist. Dementsprechend delegiert sie den Vorgang an erfahrene Parteifunktionäre und bietet Hilfe auf Anforderung an. Damit verbunden ist allerdings die Frage, ob diese Form überhaupt noch zeitgemäß ist, denn es sind immer weniger junge Menschen bei Veranstaltungen dieser Art dabei. Die Partei soll dazu befragt werden.

Als Community gemeinsam an einfachen Herausforderungen zu arbeiten, ist effizienter und führt schneller zu einer Lösung. Mit der Lösungsfindung *(dem Parteitag)* wäre der Zweck der Community vorläufig abgearbeitet. Die gefundene Lösung ist das Kapital der CoP bei einfachen Fragestellungen.

Kandidatenwahl: Die komplizierte Herausforderung

Fragestellung: Wie kann eine Kampagne für eine zu wählende Kandidatin aussehen?

Es handelt sich um eine komplizierte Herausforderung, da es viele unterschiedliche Prämissen gibt, die größtenteils bekannt sind, aber gut miteinander austariert werden müssen (Wähler, Partei, Gremien, Programm). Trotzdem gibt es eine Lösung: die eine / der eine KandidatIn wird gewählt bzw. aufgestellt. Die CoP definiert ein erreichbares und realistisches Ziel: die Kampagne, die von einem bestimmten Zeitpunkt an laufen soll. Sie analysiert, welche Aspekte zu einer Kampagne gehören und stellt einen Zeitplan auf, wie diese durchgeführt werden soll. Unterstützung erhält die CoP durch Informationen aus anderen Städten, die bereits erfolgreiche Kampagnen für ihre KandidatInnen erfahren haben. Die Durchführung wird an die Partei zurückdelegiert und regelmäßige Treffen mit den Ausführenden zur Nach- und Feinjustierung vereinbart. An dem ursprünglich definierten Ziel „erfolgreiche Kampagne" ändert sich nichts mehr. Der gesamte Prozess wird dokumentiert, weil klar ist, dass sich mit diesen Informationen und den gemachten Erfahrungen zukünftige Kampagnen einfacher und besser planen lassen. Durch die ausführlichen Planungsunterlagen sowie einen Soll-Ist-Abgleich zwischen Planungen und Resultat ist das Projekt umfangreich und nachvollziehbar dokumentiert.

Die Community überblickt die vielen unterschiedlichen Aspekte gründlicher und umfassender als Einzelpersonen. Sie lernt permanent – der Prozess des Lernens selbst stellt einen eigenen Wert dar.

Das Erlernte, zusammen mit der gefundenen Lösung, ist das Kapital der CoP in komplizierten Situationen.

In dem Buch „Der göttliche Ingenieur" beschreibt der Autor Jacques Neirynck ein für die Moderne – und damit für komplizierte Probleme - typisches Phänomen, nämlich dass eine heute „als Insel" entwickelte geniale Problemlösung aufgrund mangelnder

Folgeabschätzung und Nachhaltigkeitsüberlegungen zu einem sehr viel größeren, neuen und bisweilen unlösbaren Problem in der Zukunft führen kann.[8] Auf eine Kurzformel gebracht:

Die Lösungen von heute sind die Probleme von morgen

Der Grund dafür ist, dass der systemische Charakter komplexer Herausforderungen häufig außen vor bleibt. Vergangene und gegenwärtige Problemlösungen tragen in sich immer das Potential, zukünftig zu Problemen zu werden. Auch wird zunehmende Komplexität es zukünftig immer schwerer machen, als Einzelkämpfer Lösungen zu entwickeln. Natürlich wird die Zusammenarbeit mit anderen oft als mühsam empfunden und unterschiedliche Persönlichkeitstypen spielen eine weitere wichtige Rolle. Zusätzlich zu der „Sachebene" (kompliziertes Denken) gibt die CoP die Chance, sich mit Beziehungen auseinanderzusetzen (komplexes Denken) und sich davon zu verabschieden, allein doch viel effektiver zu sein. Dafür ist in der CoP ein Korrektiv mit eingebaut, denn die Community kann Einfluss darauf nehmen, den Experten für komplizierte Herausforderungen die Komplexität bewusst zu machen und auf der

---

[8] Das beste Beispiel dafür ist sicher die Entwicklung der zivilen Kernenergienutzung. Die Versprechen in der Nachkriegszeit ließen selige Zeiten mit kostenloser unbegrenzter Energie für alle erhoffen, bei einer einfach zu beherrschenden Technik. Wie wir heute wissen, sind offene Fragen zu dem Thema, z.B. die Endlagerung verbrannten strahlenden Atommülls, jahrzehntelange verschwiegen, unter den Tisch gekehrt und vor allem bis heute nicht gelöst worden. Und billiger oder gar kostenlos wurde der Strom auch nicht. Trotz jahrzehntelanger, fast unbegrenzter Subventionen von staatlicher Seite!

anderen Seite Aspekte einzubringen, die eine Person allein möglicherweise übersehen hätte.

Kandidatenwahl: Die komplexe Herausforderung

Fragestellung: Wie kann eine Kandidatin im fernen Berlin gleichzeitig dort und in der Heimat eine mit den Menschen verbundene Politik machen? Und wie kann dafür gesorgt werden, dass Fragen brennender Aktualität auch in der fernen Heimat ihre Bedeutung bekommen?

Das komplexe Problem besteht in einer Vielzahl unterschiedlicher Prämissen, die sich zudem noch ändern können. Teilweise sind Details bei Beginn noch gar nicht bekannt.

Von Anfang an ist klar, dass dieses Projekt nur gelingen kann, wenn eine Community **zusammen** mit der Kandidatin gebildet wird, bzw. diese auch Mitglied der Community ist. Da die Kandidatin häufig nicht vor Ort ist, werden technische Möglichkeiten und Verfahren gesucht, mit denen eine Gemeinschaft „jenseits von Zeit und Raum" entstehen kann. Einige aus der Community befassen sich speziell mit dem Aspekt „community building im virtuellen Raum", entwickeln also die Verbindung auch über das Internet. Die früher aus der komplizierten Problemstellung heraus gemachten Erfahrungen und Aufzeichnungen werden mit in den Prozess hineingenommen.

Mit der Zeit überträgt sich das Momentum[9] der CoP auf die ganze Partei und sorgt für positive Stimmung und ein Gefühl, auf dem richtigen Weg zu sein. Gemeinsam kommen Partei und CoP zu dem Schluss, dass sich die Art von politischer Arbeit transformieren muss, und es bildet sich dazu eine weitere Community of Practice.

Kritik gibt es natürlich auch: Für die Partei stellt sich die Frage nach der Legitimität eines so machtvollen und einflussreichen Organs. Traditionalisten fühlen sich abgehängt. Die unkomplizierte Art, die schnellen Ergebnisse und der positive Stimmungswandel sind so ganz anders als das, was man bisher von politischer Arbeit kannte. Dadurch entstehen der CoP weitere Aufgaben, die in die Prozesse mit hineingenommen werden.

Die Unübersichtlichkeit einer Vielzahl von Prämissen und sich ständig ändernde Parameter lassen eine Lösung möglicherweise nicht zu oder die Lösung liegt in einem andauernden Prozess der Arbeit an den jeweiligen Fragestellungen. Im Mittelpunkt der CoP steht vielmehr das Bewusstsein dessen, was gegenwärtig ist und wie mit der Situation umgegangen werden kann. Permanentes Lernen, das Bilden einer miteinander verbundenen Gemeinschaft und das Schaffen

---

[9] Der Begriff Momentum wird abgeleitet aus der Physik so verstanden, dass einem System Energie zugeführt wird, in diesem System verbleibt und so für Bewegung sorgt. Beispiel: ein Team bekommt einen neuen Leader, der eine neue Art des Umgangs mit den Teammitgliedern einführt. Durch regelmäßige und motivierende Einzelgespräche und Verteilung der Aufgaben nach Kompetenz erhält das Team mehr Schwung – das Momentum.

nachhaltiger Lösungsansätze ist das Kapital der CoP in komplexen Situationen.

Transformation

Aus dem Beispiel lässt sich erkennen, dass gerade komplexe Fragestellungen Hand in Hand mit Veränderungsprozessen einhergehen. Transformation bedeutet eine Veränderung bis hin zu einem grundlegenden Wandel eines Systems, idealerweise hin zu etwas Besserem.

Die *Bewertung* einer Transformation kann dabei oft erst im Nachhinein erfolgen. Tatsächlich ist sogar Wandel hin zu etwas Schlechterem möglich. In diesem Fall handelt es sich nicht um Transformation, sondern Regression. Blockierte Systeme z.B. neigen dazu, Wandel zu einem „Entweder/Oder" zu machen, und das ergibt im ungünstigen Fall Regression, das Zurückfallen auf eine frühere Stufe. [10] Eine wichtige und spannende Frage ist, wie solche Ergebnis-Bewertungen durchgeführt werden können. Letztlich wird die Bewertung immer von den Betroffenen getroffen.

Gelingen kann Transformation dann, wenn z.B. eine CoP innerhalb

---

[10] Die Präsidentschaft von Donald Trump seit 2016 z.B. stellt m.E. eine Regression im Vergleich zur Obama-Administration dar, da die Denkmuster des wichtigsten Entscheidungsträgers primitiver und weniger sachbezogen sind als bei seinem Vorgänger. Die in den USA dringend benötigte Transformation wurde durch ein wahlkampftaktisches Nach-oben-Spülen von Ressentiments, Rassismus und dumpfem Protektionismus vermieden (oder verschoben) – mit unabsehbaren Folgen. Festmachen lässt sich diese Regression z.B. an der bewussten und willentlichen Einschränkung („America First") weg von einem eher globalen, hin zu einem exklusiv ethnozentrischen Bezugs- und Wertesystem., konsequenter Realitätsverweigerung („Der Klimawandel ist doch gar nicht bewiesen") und einem Angriff auf die in Demokratien bewährte Gewaltenteilung.

einer größeren Organisationseinheit als Spielwiese und Musterlösung[11] verstanden wird und positive Erfahrungen kommuniziert und transportiert werden. Dabei braucht es keine Grenzen zu geben, die größere Organisationseinheit kann im Prinzip die ganze Welt sein. Transformation ist also mehr als Neu- oder Weiterentwicklung. Im Vordergrund steht der systemische Aspekt. Da dieser, gerade in komplexen Fragestellungen, nie eine Momentaufnahme ist, sollte permanentes Lernen Teil eines jeden Transformations-Prozesses sein.

Transformation bezieht sich immer auf das angetroffene System in seiner Umwelt, sei es eine Firma, die ganze Gesellschaft oder eine andere Art von Organisation. Transformation strebt dabei immer eine Veränderung hin zu einem *höherwertigen* Zustand an, es ist also eine nachvollziehbare positive Veränderung von Zustand A zu Zustand B.

Transformation ist ein äußerst komplexes Geschehen. Ehrlicherweise muss man feststellen, dass Schwierigkeitsgrade, Hindernisse und das Maß an Trägheit mit der Größe der Organisation zunehmen können. Transformationen innerhalb von *ganzen Gesellschaften* erfordern deutlich mehr Zeit und Aufwand als z.B. ein Start-Up, das sich aus der chaotischen Gründungsphase heraus in organisierte Strukturen

---

[11]Als Beipsiel empfiehlt sich das von Volkswagen neu gegründete Unternehmen „Moia", das als Aus-Gründung innerhalb des VW Konzerns völlig neue Wege in Hinblick auf urbane Mobilität zu entwickeln versucht. Getreu der Erkenntnis von vielen Großstädtern, dass man eigentlich kein Auto brauche, sondern Mobilität. Im Idealfall wird der ganze Konzern davon profitieren. Siehe https://www.volkswagenag.com/de/brands-and-models/moia.html

verwandeln möchte.

Die Kräfte, die Transformation entgegenstehen, sind z.B.

- Trägheit und als besondere Form davon die
- Bürokratie[12]
- Drohender Machtverlust der "kleinen Fürsten und Könige"
- Persönliche Vorbehalte gegenüber beteiligten Personen
- Ein Zuviel an dazu notwendigen Aufgaben
- Bewusstes Zurückhalten von Informationen

Aber auch existenzielle Ängste seitens der Betroffenen, für die möglicherweise nicht klar ist, wo die Reise hingehen soll, können Veränderungsprozessen entgegenstehen. In jedem Fall sind diese Widerstände ernst zu nehmen. Hier ist klare Kommunikation, Transparenz und wenn möglich, Beteiligung der Betroffenen notwendig! Umso interessanter ist in diesem Zusammenhang der oben beschriebene Ansatz der "Islands of Sanity" (Siehe Kapitel „Inseln des Gesunden"). Die vorläufige Konzentration auf das innere Leben der CoP befreit auf der einen Seite von dem Druck, in der Organisation insgesamt erfolgreich sein zu müssen, und ermöglicht andererseits konkrete erste Erfolgserlebnisse. Diese können in

---

[12] Ichak Adizes beschreibt gut nachvollziehbar in der "Lebenskurve von Unternehmen", z.B: auf https://adizes.com, dass zunehmende Bürokratie gerade ein Anzeichen für den Niedergang etablierter und bisher sehr erfolgreicher Unternehmen ist. Nicht "sein kann", sondern "ist".

kleinem Kreis erst einmal genossen werden, bevor man sich größeren Projekten zuwendet. Dieser Effekt ist psychologisch nicht zu unterschätzen! Neben einem langen Atem und viel Durchhaltevermögen benötigt eine CoP ein hohes Maß an Resilienz, wenn das Ziel die Transformation einer gesamten Organisation ist.

Resilienz der Community of Practice

Bei allen oben beschriebenen Hindernissen wird deutlich, dass die CoP, wenn sie sich als Teil eines Veränderungsprozesses oder von Transformation versteht, diese nur aus einer gesunden Position heraus bewältigen kann. Wie gesund ist eine CoP? Oder genauer, wie gut ist sie intern aufgestellt, um Hindernisse auf ihrem Wege aushalten zu können und ihr Ziel im Blick zu behalten?

Das Konzept der Resilienz beschreibt für Einzelpersonen oder Gruppen die Fähigkeit, sich selbst gesund erhalten zu können, und das sogar dann, wenn alle Umstände gegen sie zu arbeiten scheinen. Es geht also bei Resilienz weniger darum, Krankes zu heilen, sondern Gesundheit so zu stärken, dass Krankes gar nicht erst entsteht.

Je stärker ausgeprägt

- das Selbstbewusstsein der CoP insgesamt
- das Vertrauen der Mitglieder in sich selbst und untereinander
- die Flexibilität, auf das reagieren zu können, was "von außen" kommt
- die Fähigkeit zur eigenen Erneuerung (z.B. durch Aneignung neuer Kompetenzen) oder flexiblem Richtungswechsel
- das Verständnis der sie umgebenden Umwelt
- die Identifizierung möglichst aller Stakeholder[13]

---

[13] Der Begriff Stakeholder meint „Alle am Prozess oder Thema Beteiligten oder Interessierten". Ein späteres Kapitel wird den Begriff noch genauer beschreiben.

- das Erkennen und Benennen der Wertesysteme der Stakeholder
- das Verständnis von Ziel und Sinn ihrer Existenz

ist, umso eher werden Transformationsprozesse erfolgreich sein.

Der Spaßfaktor

Bei der Community of Practice geht es natürlich nicht immer um „Lösungsfindung" und dementsprechend auch nicht immer um Probleme oder Herausforderungen. CoPs können sich auch bilden, um gemeinsam eine gute Zeit zu haben, sich mit angenehmen Dingen zu beschäftigen oder Dinge zu verbessern, auch wenn sie nicht oder noch nicht problematisch geworden sind. Gerade resiliente CoPs zeichnen sich oft dadurch aus, dass bei allem ernsthaften Arbeiten Zeit für ein gutes Miteinander bleibt. Positive Erlebniswerte sind eine wichtige Basis für inneren Zusammenhalt und einen positiven Bezugsrahmen.

Der Tai Chi Lehrer ist ein gutes Beispiel dafür:

„Eine meiner persönlich besten Erfahrungen habe ich gemacht, als ich vor einigen Jahren die Ausbildung zum Tai-Chi-Lehrer abgeschlossen hatte. Gemeinsam mit meiner Klasse hatte ich eine Unmenge von Formen, Prinzipien und Grundlagen erlernt und fühlte mich nach dem Abschluss einfach überfordert, das einmal erreichte Niveau zu erhalten und vor allem, nichts von Hunderten Stunden Unterricht zu

vergessen. Einige der erlernten Techniken (z.B. „Pushing hands".) erforderten auch mindestens eine weitere Person, die das Gleiche gelernt hatte.

Mein Partner, mit dem ich die Formen zusammen gelernt hatte, stand vor derselben Frage. So bildeten wir eine Community of Practice. Wir hatten beide in früheren Jahren unabhängig voneinander unterschiedliche Erfahrungen in Kampfkunst/Kampfsport gemacht. Tatsächlich waren aber gerade die unterschiedlichen Hintergründe für unsere Initiative förderlich, denn so konnten wir nicht nur miteinander üben, sondern auch voneinander lernen. Wir waren in unseren eigenen Disziplinen so weit fortgeschritten, dass dies problemlos möglich war.

Nach einigen Monaten fingen wir sogar an, die Inhalte weiterzuentwickeln und wurden für Außenstehende so interessant, dass die Community wuchs und teilweise weite Anfahrtswege in Kauf genommen wurden, um dabei zu sein. Auch der Spaß kam nicht zu kurz."

Die Freude am gemeinsamen Lernen und Vorankommen stellt eine wichtige Basis der CoP dar. Eine lockere und freudvolle Atmosphäre kann auch eine Folge von Sicherheit und Vertrauen im Miteinander sein. Beide Begriffe stehen für zentrale Werte der CoP.

Der Kitt, der alles miteinander verbindet, ist das Beziehungsnetz der Mitglieder untereinander. Ein positives „Wir-Gefühl" ist die Energie, die den Motor der Community am Laufen hält und Lernen und Transformieren erst ermöglicht. Die Gestaltung dieser Beziehungen ist Inhalt des Kapitels „Verbinden".

Communities – 7 Beispiele

Prinzipien – das, was allen CoPs gemeinsam ist

Die grundlegenden Gemeinsamkeiten, denen Communities of Practice folgen, lassen sich als Prinzipien verstehen. Sie funktionieren unabhängig von Situation und Umfeld. Es gibt fünf Prinzipien, die sich in Communities of Practice immer wieder finden:

Prinzipien der Community of Practice		
Thema/ Leidenschaft	Was	Der Grund oder der Anlass, zu dem sich die CoP findet
Wachsen	Wie	Qualitatives oder quantitatives Wachstum von Einzelnen oder der Gruppe insgesamt
Lernen	Womit	Lernen als Einstellung und Prozess
Verbinden	Wer	Von der Gruppe zum Team zur Community: proaktive Beziehungen
Tranformieren	Wochin	Möglichkeiten, die zu Wirklichkeiten werden

Diese Prinzipien sind allen CoPs gemein, manchmal unbewusst, im Idealfall aber bewusst eingesetzt. Es ist nicht notwendig, dass alle oben genannten Aspekte in jedem Fall einer Community als Checkliste abgearbeitet werden. Sie sind aber hilfreich, wenn planvoll vorgegangen werden soll. Das kann in jeder Phase der CoP der Fall sein. Es folgen einige Beispiele aus der Praxis, die diese Prinzipien widerspiegeln.

Nach einer kurzen Situationsbeschreibung wird die Anwendung der Prinzipien in der jeweiligen CoP dargestellt

1. Community, die sich besser organisieren möchte

Ziel-, Zeit- und Selbstmangement im Unternehmen

Situation: Mitarbeiter eines Unternehmens suchen Wege, sich besser zu organisieren und dazu Formen von Selbstmanagement zu erlernen. In der Vergangenheit sind verschiedene Ansätze für die Einführung eines Zeitmanagementsystems erfolglos ausprobiert worden. Es gab teure Seminare, die nach einigen Wochen Euphorie im Sande verliefen. Offensichtlich fehlte es in allen bisherigen Fällen an individuellem Zuschnitt der Seminare auf die konkreten Fragestellungen und an Nachhaltigkeit. Mit einem neuen Trainer für Zeit-, Ziel- und Selbstmanagement wurde verabredet, dass in einem kurzen Seminar lediglich Grundlagen vermittelt werden sollten, die dann eine Community of Practice, in diesem Fall bestehend aus dem Leitungskreis des Unternehmens, für sich weiter entwickeln sollte. Der Trainer kam in der Folgezeit lediglich für einige Supervisionen in das Unternehmen zurück und begleitete den Prozess. Die CoP löste ihre spezifischen Probleme im Bereich Organisation selbst und machte so aus einen „Modell für alles und jeden" *ihr* Werkzeug, das in ihre Situation passte.

Möglichkeitsraum (Transformation): Sie gibt das Modell an die nächste Leitungsebene weiter und macht das ganze Unternehmen dadurch effizienter.

54

<u>Thema/Leidenschaft</u>: Wie gelingt es, uns stringenter und nachhaltiger zu organisieren? Wie kann der Transfer in die Praxis dauerhaft gelingen?

<u>Wachsen</u>: Verstehen, Anpassen und Einsetzen der Methode, Transfer der Methode an weiteren KollegInnen im Unternehmen

<u>Lernen</u>: Verstehen der Methodik und Weiterentwicklung im eigenen Kontext

<u>Sich verbinden</u>: Die Community unterstützt sich gegenseitig bei dem Erreichen des Zieles Selbstmanagement. Da alle Personen im gleichen Unternehmen arbeiten, sind sie mit der Situation vertraut und verstehen die jeweiligen Themen, die sie mit Selbstmanagement verbinden. Gegenseitiges Verständnis und Unterstützen hält alle Kollegen „bei der Stange". Da alle an dem gleichen Punkt gestartet sind, entwickelt sich ein freundlicher Wettbewerb, wer die Methode besser versteht und Probleme lösen kann.

Dieser Wettbewerb beinhaltet jedoch keine negativen Aspekte, sondern wird von den Beteiligten als eine Art Spiel betrachtet. Es gewinnt nicht „Ich oder die /der andere", sondern alle.

2. Community, die Veränderung eines Systems anstrebt I

Einer Kirche laufen die Mitglieder davon

Situation: In einer Ortskirche gehen seit Jahren die Mitgliedszahlen zurück. Gemeindemitglieder versterben oder ziehen weg, viele Jugendliche kommen spätestens nach erfolgter Konfirmation nicht weiter zur Gemeinde. Nachdem jahrelang verschiedenste Dinge mehr oder weniger erfolglos ausprobiert wurden, bildet sich eine CoP aus Mitgliedern und Freunden der Kirche, denen diese leidenschaftlich am Herzen liegt. Dabei sind Kirchenmitglieder, regelmäßige Gäste, und Leitungsmitglieder. Sie hinterfragen die grundsätzliche Ausrichtung und die Inhalte. Was ist noch zeitgemäß? Und was passt zu uns in der Kirche vor Ort? Welche Bedürfnisse haben die Menschen im Umfeld?

Möglichkeitsraum (Transformation): Kirche von morgen, offene, attraktive, starke, tolerante und fröhliche Gemeinschaft, dadurch auch für post-(post-)moderne Menschen interessant und anziehend

Thema/Leidenschaft: „Unsere Kirche als Raum der persönlichen und religiösen Begegnung"

Wachsen: quantitativ und inhaltlich, Entwickeln einer Visionund eines Leitbildes[14]

---

[14] Genauer: Beitragsleitbild, siehe Anhang Werkzeuge

<u>Lernen</u>: Wer sind wir und mit wem haben wir es zu tun? Was ist unsere Identität? Wie sind die Bedürfnislagen der unterschiedlichen Gruppen?

<u>Sich verbinden</u>: Wir, die Kirche ... sind Schicksalsgemeinschaft

In dieser Situation fällt das „Sich-Verbinden" leicht, da Gemeinschaft eine Kernkompetenz von Kirchen darstellt und viel Erfahrung darin besteht, soziale Bedürfnisse von Menschen über einen langen Zeitraum zu erfüllen.

Problematisch ist das Zulassen von Möglichkeitsräumen über das Gewohnte hinaus, da die Kirche in eine feste Organisation (Kirchenverband) eingebunden ist, die von außen massiv die Entwicklung beeinflussen oder behindern kann.

3. Community, die Veränderung eines Systems anstrebt II

Ein Unternehmen hat sinkende Verkaufszahlen - der Vertrieb soll reorganisiert werden

Situation: Die Unternehmensleitung bildet ein Team aus Vertriebsmitarbeitern, die bewusst unterschiedlich bezüglich Ausbildung, Persönlichkeit, Ethnie, Geschlecht, Persönlichkeit, Alter... ausgesucht werden

Möglichkeitsraum (Transformation): Statt Konkurrenz untereinander zu kultivieren, erlebt sich das Vertriebsteam immer mehr als Community. Das kann nur dann gelingen, wenn aus der DNA des Verkäufers, der direkten persönlichen Konkurrenz mit anderen, die Bereitschaft zur Kooperation emergiert. Der gemeinsame Erfolg wird größer als die Summe des von den Einzelkämpfern Erreichbarem. Wenn das die Verkäufer auch so empfinden, werden sie Energie und Informationen bereitwillig zur Verfügung stellen.

Thema/Leidenschaft: Wie können wir aus egoistisch handelnden Einzelkämpfern eine Gemeinschaft von Lernenden bilden, bei denen jede/r die/den anderen unterstützt?

Wachsen: Analyse von Stärken/Schwächen, Konzept der marktorientierten Unternehmensführung, Informationen teilen, statt sie zu hüten, Erfolge gemeinsam genießen

<u>Lernen</u>: Wo stehen wir und was fehlt? Wo sind die virtuellen und realen Orte, an denen Community entstehen kann?

<u>Sich verbinden</u>: Der Erfolg der KollegIn ist auch meiner, Storytelling, Mentoring, Mikro-(Zweier)Teams, Charakterbildung.

Einige der Kollegen können oder möchten diesen Weg nicht mitgehen. Zu tief sitzt die Verbindung zwischen Ego und Erfolg, d.h. sie sind nicht in der Lage, sich auf neue, gemeinschaftliche Prinzipien einzulassen. Konsequenterweise verlassen sie die Community und werden zu vorläufigen Beobachtern von außen. Aus den Verbliebenen entwickelt sich eine Gemeinschaft, die sich regelmäßig trifft, um Informationen auszutauschen und sich gegenseitig zu unterstützen. Die Community signalisiert Offenheit – andere können jederzeit mit dazu kommen. In diesem Augenblick entsteht die Community of Practice! Eine besondere Herausforderung liegt darin, sich bewusst zu werden, dass Erfolgsgeschichten nicht immer zielführend für alle sein müssen, da sie doch teilweise mehr der Pflege des Egos des Erzählenden dienen. Je nach Hintergrund und Lebensumständen der Beteiligten sind diese "Kriegserzählungen" ein wichtiger Bestandteil der Gemeinschaft und manche TeilnehmerInnen brauchen diese Masken, um sich sicher zu fühlen und vorläufig auf Abstand zu bleiben.

Auf Basis dieser Sicherheit kann sich dann ein im Prozess tiefer gehender und gemeinschaftlicher orientierter Austausch entwickeln. Das Prinzip des Storytellings kann genutzt werden, um die in den individuellen Erfolgsgeschichten "gespeicherte Erfahrung", wie Erfolge funktionieren können, allen Interessierten zugänglich zu machen.

Insgesamt entwickelten die TeilnehmerInnen über ihre gemeinsamen Werte jedoch immer mehr Bewusstsein dafür, was der Community diente und was der Ego-Pflege – der Charakter der Gruppe und der Einzelnen veränderte sich positiv.

4. Community, die Inklusion verankern will

Situation: Lehrer starten ein Projekt zur praktischen Umsetzung von Inklusion in ihrer Schule. Die Lehrenden können auf keine bisherigen Erfahrungen zurückgreifen, da Inklusion zu diesem Zeitpunkt noch neu ist und bisher niemand dazu konkret ausgebildet wurde. Zum Zeitpunkt der Gründung der CoP liegen keine Erfahrungswerte vor.

Möglichkeitsraum (Transformation):

Durch gelebte Inklusion eröffnen sich neue Perspektiven für Lehrer und Schüler, der gemeinsame Lernerfolg aller wird gefeiert

Thema/Leidenschaft:

Inklusion als gemeinsames Lernen und Leben, damit Lehrer und Schüler von- und miteinander lernen können

Wachsen:

Einstellungsänderung bei Lehrern und Schülern, Bekämpfen von Ausgrenzung

Lernen: das Finden geeigneter Abläufe und Methoden, Einstellungsänderung bei denen, die das Konzept Inklusion pauschal ablehnen

Sich verbinden:

Empathie für alle Beteiligten entwickeln, gegenseitiges Unterstützen der LehrerInnen durch die CoP nach "Außen"

Zum Zeitpunkt der Gründung der CoP ist das Thema Inklusion noch unbekanntes Terrain. Den Beteiligten fällt das Experimentieren und Ausprobieren daher leichter als bei verwaltungstechnisch bereits voll erfassten und geregelten Themen. Allerdings entsteht in der Folge ein Rechtfertigungsdruck gegenüber weiteren Beteiligten, z.B. den Eltern, die befürchten, dass auf Kosten ihrer Kinder experimentiert wird.

5. Community der Umwelt-Aktivisten

Situation: Anwohner gründen eine Initiative zur Bekämpfung eines Windenergieparks in einem benachbarten Waldgrundstück

Möglichkeitsraum (Transformation): Der Windpark wird abgewehrt, eine Gemeinschaft von Nachbarn nimmt ihre Erfahrungen als Basis und Beispiel für weitere Probleme, die zukünftig in ihrer Nachbarschaft entstehen. Es entsteht eine starke Gemeinschaft, in der Entscheidungen getroffen und Konflikte gemeinsam gelöst werden.

Thema/Leidenschaft: "dieser Wald gehört UNS", Bewahrung der Schöpfung, Erbe unserer Kinder

Wachsen: Zusammenwachsen als Interessengemeinschaft, Einflussbereich erweitern

Lernen: Verstehen der unterschiedlichen Interessens- und Rechtslagen, Wie entwickelt man schlagkräftige Kampagnen?

Sich verbinden: Aus Nachbarn mit gemeinsamen Anliegen werden Freunde und Aktivisten, „Wir handeln als Kollektiv"

Die CoP sieht sich mit dem Phänomen konfrontiert, dass alle Nachbarn es toll finden, wenn in ihrem Sinne gestritten wird, jedoch nicht viele Familien bereit sind, sich zu engagieren und sich an der Arbeit zu beteiligen. Die Initiatoren der CoP sind davon jedoch nicht überrascht und vermeiden es vor allem, hier mit Forderungen oder Vorwürfen zu reagieren oder sich entmutigen zu lassen. Stattdessen wird viel Zeit und Engagement darin investiert, eine gute Stimmung innerhalb der CoP zu kultivieren, und sie werden so auch für weitere Engagierte interessant.

Die Community legt großen Wert darauf, möglichst viele Menschen mit in die Prozesse einzubeziehen und Informationen offen und direkt zu kommunizieren (Netzwerke bilden).

6. Community des Praxistransfers

Situation: Mitarbeiter einer Abteilung in einer Firma bilden ein Team, das die Einführung einer neuen Firmensoftware unterstützt. Die bisherigen Schritte des Unternehmens waren nur teilweise erfolgreich, die Software läuft irgendwie aber oft scheitert die Handhabung schon an kleinsten Problemen. Die Frustration ist groß, ebenso die Sehnsucht nach den "guten alten Zeiten", in denen vieles ‚zu Fuß' gemacht wurde: langsamer und umständlicher, aber gewohnt und damit bequem.

Möglichkeitsraum (Transformation): die neue Software ermöglicht effizienteres Arbeiten. Die freigewordenen Ressourcen werden für neue Projekte genutzt, die die Abteilung zu einem proaktiven Teil des Unternehmens machen.

Thema/Leidenschaft: Unsere Abteilung soll einfacher, besser und effektiver funktionieren als vor der Einführung der Software, vor allem mit weniger Stress

Wachsen: Einstellungsänderung hin zu einer positiven Erwartung von Zukunft: "Ab jetzt ist vieles möglich, auch Positives"

Lernen: Erfahrungsaustausch, gemeinsames Problemmanagement, Erstellen eines Abteilungsmanuals "So haben wir ... gelöst", Storytelling „So schaffen wir die Zukunft"

<u>Sich verbinden:</u> Die anfängliche "Leidensgemeinschaft" will Schritte in die Zukunft gestalten und sich gegenseitig mehr unterstützen.

Die CoP hat von Anfang an Probleme, nicht zu einem Forum für Meckereien und Beschwerden in Form von „Früher war alles besser" zu werden. Auf der anderen Seite erhält sie gerade dafür Beifall, da offensichtlich im Unternehmen Gelegenheiten fehlen, Frustrationen zu artikulieren und konstruktiv damit umzugehen.

Besser wird es, als die CoP zu einer strikten Organisation ihrer Treffen übergeht und den Fokus auf Effektivität (Ziele erreichen) legt. In dem Augenblick, in dem bei den Treffen Frustration oder Kritik geäußert wird, erfolgt von Seiten der Moderation geradezu reflexhaft die Rückfrage, wie die Zustände besser sein könnten und wie man dieses erreichen kann. Dabei macht sie sich das Phänomen zunutze, dass Menschen, die Kritik an Bestehendem äußern, meistens auch für sich bereits eine Vorstellung davon haben, wo Ursachen liegen und wie es besser laufen könnte. Beispiel: auf die Bemerkung, dass die Stimmung derzeit in der Abteilung schlecht wäre, folgt auf die Rückfrage der Moderatorin die Auskunft, dass die Ursachen in einer zu hohen Arbeitsbelastung und daher rührenden Konflikten liegen. Das weitere Nachfragen der Moderatorin ergibt, dass sich Lösungsansätze möglicherweise durch bessere Abläufe, d.h. durch organisatorische Maßnahmen ergeben können. Konflikten kann durch mehr Kompetenz durch Seminare zum Thema Konfliktbewältigung besser begegnet werden. Auf den Einwand, dass man hier möglicherweise zu technisch reagiere und mögliche tiefergehende Ursachenforschung vermeide, folgt in der gleichen Weise die Rückfrage der Moderatorin: „Wie können wir dann deiner Meinung nach sicherstellen, dass genau das nicht passiert?" Das beharrliche Re-Fokussieren auf mögliche Lösungen durch die Moderatorin hat eine geradezu erzieherische Wirkung auf die Beteiligten, die im Laufe der Zeit mehr und mehr dazu übergehen, selbst lösungsorientierter zu denken.

7. Community, die eine Leidenschaft teilt

Menschen teilen ein gemeinsames Interesse/Hobby

Situation: Absolventen eines Ausbildungsgangs "Tai-Chi-Lehrer" mit unterschiedlichen Hintergründen und Erfahrungen wollen das Erlernte ausprobieren, auf Praxistauglichkeit prüfen und Anwendungen testen, die nicht Teil der Ausbildung waren. Die Welt der Kampfkünste ist weltweit sehr zerklüftet; je älter Praktizierende sind, desto schwieriger wird es, eine Gruppe zu finden, die diese Ansätze verfolgt und zu der man passt.

Möglichkeitsraum (Transformation): es gelingt nicht nur, das Erlernte zu erhalten, sondern Fähigkeiten und Fitness zu steigern und neue Anwendungen zu entdecken

Thema/Leidenschaft: Wir leben Tai Chi - Was ist noch drin?

Wachsen: "Setzen" des Erlernten, Steigerung von Kompetenz, Fitneß und Gesundheit

Nach einigen Monaten steht die CoP an einem Scheideweg. Soll sie sich professionalisieren und den gemeinsamen Weg als Muster für andere Kampfkünstler empfehlen? Ist das lockere, informelle Treffen eine geeignete Struktur oder soll man mehr in Richtung Verein oder sogar professionelle Schule gehen? Mit anderen Worten: was sind in dieser Situation nachhaltige Ziele?

Die Community of Practice (CoP) genauer betrachtet

Es gibt sie schon, so lange es Menschen gibt, sie hieß nur anders.

Am Anfang steht die Leidenschaft.

Überall, wo Menschen sich treffen und für eine Sache leidenschaftlich interessieren, kann sie entstehen. Aus dem Nichts heraus öffnet sich ein Raum, der die Beteiligten empfängt, sie aus ihrer Welt des Gewohnten entführt und Dinge entstehen lässt, die nur in dieser einmaligen Konstellation möglich sind. Für gewöhnlich steigt der Energielevel. In 50.000 Jahren Menschheitsgeschichte könnten Communities of Practice das erreicht haben:

- Die Gruppe findet, was sie zum Überleben braucht (50.000 vor Christus)
- Ein Clan entsteht (20.000 vor Christus)
- Ein Reich wird erobert (10.000 vor Christus)
- Ziel und Sinn werden philosophisch beschrieben (5.000 vor Christus)
- Fragen werden auf wissenschaftliche Weise gelöst (1750 nach Christus)
- Einsatz für Frieden und soziale Gerechtigkeit (1968 nach Christus)
- Ein Internet-basiertes System macht das Leben einfacher und spart Energie (2000 nach Christus)

Die Umwelt eines Steinzeitmenschen ist dabei naturgemäß weniger komplex (aber nicht weniger anspruchsvoll) als die eines mittelalterlichen Mönchs oder modernen Wissensarbeiters. Komplexität greifbar zu machen, ist ein wesentlicher Erfolgsfaktor für das Überleben und das Entwickeln moderner Gesellschaften.

Kurze Geschichte der Community of Practice

Obwohl die CoP keine neue Erfindung ist, befasst sich die Wissenschaft erst seit ca. den 90er Jahren damit, vor allem die Soziologie und Lerntheorie. Die Frage „Was kann Schule besser machen?" führte fast zwangsläufig zum Konzept der CoP, denn eine durch ein gemeinsames Thema und durch Beziehungen verbundene Gruppe lernt leichter, schneller und nachhaltiger. Das gleiche Prinzip betrifft dabei interessanterweise sowohl die Lernenden als auch die Lehrenden!

Der Klassiker: Aktivisten

Im Bereich der politischen Aktion hat sich die CoP längst als schlagkräftiges Instrument für lokale und überregionale Wirksamkeit etabliert.

Beispiel: Errichten einer Anlage zur Wasserrückgewinnung

Die NGO „Drain the drought" hat in der südlichen Sahelzone eine in Europa entwickelte und gefertigte High-Tech-Anlage zur Wasserrückgewinnung aus Brauchwasser errichtet, finanziert mit Spenden ihrer Mitglieder.

Nachdem die Anlage mit großem Aufwand an den Ort ihrer Bestimmung gebracht und wochenlang von Spezialisten montiert wurde, ging sie in Betrieb. Die Techniker und NGO-Mitarbeiter feierten zusammen mit den Dorfbewohnern die fortschrittliche Anlage und den Wandel in der Region, der damit begonnen wurde. Sie schulten einige der Anwohner in der Benutzung und fuhren mit dem guten Gefühl zurück nach Europa, hier einen positiven Wandel erreicht zu haben.

Nach einigen Monaten Betrieb kam es jedoch immer wieder zu Problemen, da notwendige Wartungen nicht durchgeführt wurden und auch nicht klar war, woher die Ersatzteile kommen sollten. Nach zwei Jahren verfiel die Anlage mehr und mehr, Teile wurden demontiert und getauscht bzw. verkauft.

Bei „drain the drought" setzte sich die Erkenntnis durch, dass die bisherige Vorgehensweise in Entwicklungsländern wenig hilfreich ist. Selbst wenn Menschen vor Ort ausbildet werden, wie die Anlagen zu nutzen sind, ist das Scheitern vorprogrammiert. Sobald etwas nicht mehr funktioniert, beginnt die mit allen guten Absichten gebaute Anlage zu verfallen. Der Grund ist, dass sich Denkweisen nur langsam ändern und Nachhaltigkeit mehr erfordert als guten Willen. Positive Beispiele entstehen dort, wo Menschen, vor allem die Betroffenen selbst, z.B. in Form einer Community of Practice organisiert sind und mit Begeisterung lernen, ihre Ressourcen vor Ort besser zu nutzen.

Nach diesen teuren Lernerfahrungen entschloss sich „dtd", andere und neue Wege zu gehen. Bereits das Projekt „Montage" wurde bei dem nächsten Projekt von Anfang an mit einer Gruppe interessierter

Menschen vor Ort und damit den später Verantwortlichen geplant. Der Aufbau selbst war bereits vollständig das Projekt der Anwohner. Die „dtd" Techniker waren am Anfang noch stark involviert, wurden dann aber immer mehr zu Beratern und Ansprechpartnern, wenn es Schwierigkeiten gab, d.h. ihre Rollen änderten sich mit der Zeit. Aus der Gruppe der ortsansässigen Bevölkerung heraus suchte man sich diejenigen, die sowohl technisches Verständnis als auch Begeisterung für das Projekt hatten und bildete zusammen mit den Technikern von „dtd" eine Community of Practice, die in alle Prozesse eingebunden war und später den Betrieb verantwortlich weiterführen sollte. Auch nach der Abreise der Techniker blieb sich die CoP verbunden und kommunizierte regelmäßig über alle zur Verfügung stehenden Kanäle.

Probleme entwickelten sich, als die CoP als Herausforderung der traditionell Mächtigen vor Ort gesehen wurde, die ihren Einfluss gefährdet sahen. Dafür wurden die Kontakte mit dtd immer seltener, denn die Community wurde immer besser mit ihren Schwierigkeiten selbst fertig und entwickelte daraus einen gewissen Stolz über ihre Unabhängigkeit.

Das Thema der Community vor Ort, die Leidenschaft, folgte aus der Tatsache, nachhaltigen Wandel gestalten zu können und eine große, vielleicht einmalige Möglichkeit durch die zur Verfügung gestellte Technik zu erhalten.

Nach den ersten Fehlschlägen wurde der Community klar, dass sich die Fehler nur durch Möglichkeit und Willen zum Lernen dauerhaft vermeiden lassen. Das bewirkte in Summe eine Transformation der gesamten Situation – nicht nur bei der Community vor Ort, sondern auch bei der NGO „dtd", die einen strategischen Wechsel in ihren Projektansätzen durchführen konnte – dahin, wo sie sowieso hin wollte: Projekte erfolgreich planen und realisieren und dadurch nachhaltig positive Veränderungen schaffen.

Die Moderne: Mehr als ein Team

Teamarbeit wurde lange als Allheilmittel in Zeiten zunehmender Kompliziertheit (!) gefeiert. Auch heute noch findet sich in jeder Stellenbeschreibung „teamfähig" als Schlüsselanforderung, ohne dass die genauen Vorstellungen, was damit gemeint ist, mitkommuniziert werden. Die Vorstellungen bezüglich Teamfähigkeit können weit auseinanderliegen, „teamfähig" könnte bedeuten:

- möglichst konfliktfrei arbeiten
- empathisch kommunizieren
- sich gut mit anderen absprechen
- pünktlich sein
- niemals dem Chef (oder dem Teamleiter) widersprechen
- viel Zeit für Meetings opfern
- bloß nicht aus der Reihe tanzen
- interkulturelle Kompetenz
- mit anders gelagerten Persönlichkeitstypen umgehen können
- ...

Häufig wird erst während der konkreten Zusammenarbeit klarer, was vorher schon hätte kommuniziert werden müssen.

Kritik am Arbeitsteam

Aber es gibt auch Kritik: So stellt der Spiegel im Oktober 2014 unter dem Titel:[15] „Teamarbeit mach dumm" fest, dass das gängige Narrativ der Arbeitswelt der Begriff „Team" ist, aber brillante (Einzel-)Köpfe gelegentlich doch die besseren Resultate produzieren. Zu groß sei die Versuchung, sich in der Gruppe weg zu ducken, der Harmonie wegen zum Jasager zu werden und bloß nicht als zu eigensinnig oder ungewöhnlich aufzufallen („nicht teamfähig").

Schwarmintelligent oder Schwarmdoof?

Ist das Verhalten der/des Einzelnen in der befohlenen Gemeinschaft Team gelegentlich problematisch, so lässt sich feststellen, dass auch die Gruppe insgesamt unter ihrer Isoliertheit, gelegentlichen Selbstverstärkung ("Echokammern"), eingeschränkten Gruppenwahrnehmung ("Filterblase") und ungeschriebenen Regeln das genaue Gegenteil dessen erreichen kann, was sie eigentlich möchte. Aus dem Teamversprechen wird eine Gruppe, die unendlich viel Zeit kostet ("Meetings") und zu wenig konkreten Ergebnissen führt. Auch neigen Teamleader gelegentlich dazu, ihrem Team so stark den eigenen Stempel aufzudrücken, dass das Team maximal nur so gut (im Sinne von Effektivität) sein kann wie der Leader selbst. Das kann auch mal ziemlich wenig sein ...

---

[15] http://www.spiegel.de/karriere/teamwork-warum-teamarbeit-blind- und-faul-macht-a-998842.html

Es stellt sich die Frage: Wonach wird beurteilt, ob ein Team eine optimale oder eine nicht optimale Arbeitsform ist? Verallgemeinern lässt sich die Beantwortung dieser Frage nicht. Wer grundsätzlich lieber mit anderen Menschen zusammenarbeitet, wird das Team als Arbeitsform bevorzugen. Wer sich durch die Anwesenheit anderer eher gestört fühlt, arbeitet natürlich lieber allein.

Bei Themen einfacher und komplizierter Fragestellung ist das Team insgesamt aber eine bewährte, manchmal sogar ideale Form der Zusammenarbeit. Wie so häufig liegt die Antwort darin, ob und inwieweit Arbeitsform und Kontext zusammenpassen. Da, wo „Team" nicht mehr ausreicht, kann CoP die Antwort sein.

CoP ist nicht gleich Team

Die CoP kann gerade Unbequemen und Außenseitern Möglichkeiten bieten, ihre Kreativität und Besonderheit innerhalb einer Gemeinschaft zu leben, ohne ihre Individualität aufgeben zu müssen. Die Community of Practice ist in dieser Hinsicht das Upgrade des Teams. Besonders *virtuelle Communities* können dazu Gelegenheit bieten, denn die „Rechnerzeiten", also An- und Abwesenheit am Computer-Bildschirm, lassen den „scheuen Genies" Möglichkeiten, selbst zu entscheiden, wann, ob und wie viel Zeit sie in die Community investieren. Trotzdem stellt sich die Frage: ist die CoP nicht nur eine weitere Form von Teamarbeit, also alter Wein in neuen Schläuchen? Um Klarheit zu schaffen, sollte hier eine kurze

Abgrenzung CoP / Team vorgenommen werden.

Teams sind gut geeignet, zielgerichtete Projekte mit einer effizienten Aufgabenteilung durchzuführen, solange Ausgangssituation und Ergebnis genau definiert werden können – also für *einfache* und *komplizierte* Herausforderungen.

Teams funktionieren im Allgemeinen auch dann, wenn die Mitglieder untereinander nicht auf besondere Weise miteinander verbunden sind, aktive Beziehungspflege also eine eher nachgeordnete oder gar keine Rolle spielt. Bei der Bewältigung komplexer Probleme können sich Teams überfordert sehen, vor allem dann, wenn möglicherweise weder Situation, noch Bedingungen, noch Ergebnis feststehen und das Lernen selbst während des Prozesses einen wichtigen Aspekt darstellt. Lernen als Grundverständnis der Gemeinschaft gehört genauso zur DNA der CoP wie die Arbeit an der Qualität der Beziehungen. Viele Teams machen die Erfahrung, dass viel Energie versickert, z.B. wenn persönliche Eitelkeiten, ,hidden agendas' oder schlechte Stimmung die Prozesse stören (Beziehungsstress).

Dabei stellt sich – wie bei Teams auch – die Frage nach der Art der Leitung. Erfordert ein neuer Ansatz wie der der CoP nicht auch neue Leitungswerkzeuge und/oder ein neues Führungsverständnis der Personen, die leiten?

Da das ein wichtiges und zentrales Thema ist, werden wir mit einem eigenen Kapitel später darauf zurückkommen.

Sicher ist, dass Bedingungen komplexer Fragestellungen besondere Formen menschlicher Co-Existenz benötigen, die in der Lage sind, mit Unsicherheiten umgehen zu können. Das betrifft natürlich vor allem, aber nicht nur, die zukünftige Arbeitswelt.

Die Zukunft: Communities bilden und bewusst transformieren

Wie sieht die Arbeit der Zukunft aus? Die Beantwortung dieser sehr grundsätzlichen und komplexen Frage ist nicht Teil dieses Buches, aber es zeichnen sich Trends ab, die mit hoher Wahrscheinlichkeit Realität werden und im Hinblick auf die Community of Practice relevant sind. Die CoP ist in jedem Fall in der zukünftigen Arbeitswelt hilfreich, denn egal ob es sich um hoch- oder minderqualifizierte Tätigkeiten handelt, Lernen und bewusst gestaltete Beziehungen werden auf jeden Fall von Vorteil sein.

So versucht z.B. Matthias Horx bereits 2015 die schöne neue Arbeitswelt zu beschreiben.[16] Er geht davon aus, dass sich das gerade von politischer Seite heutzutage immer noch favorisierte Modell der angestellten (sozialversicherungspflichtigen) und durch Tarife geregelten Lohnarbeit immer mehr auf dem Rückzug befinden wird. Das ist allerdings nicht Ziel der Politik, da es sich um ein Wegfallen bequemer Möglichkeiten zur Machtausübung (z.B. über die organisierten und bequem manipulierbaren Tarifpartner) handelt[17]. Viele Unternehmen entwickeln sich aber augenscheinlich in diese Richtung, da sich so die Flexibilität maximal erhöhen lässt (und die Sozialversicherungspflicht bequem an staatliche Institutionen zu delegieren ist, das soll hier nicht verschwiegen werden).

---

[16] https://www.zukunftsinstitut.de/artikel/fuenf-thesen-zur-zukunft-der-arbeit/
[17] Meinung des Autors

Stattdessen freuen wir uns auf „Flexicurity". Individuelle Sicherheit soll weniger durch Sozialsysteme und mehr durch lebenslanges Lernen und hohe Mobilität geschaffen werden. Auch werden die Grenzen zwischen „Arbeit und Leben" immer mehr verschwimmen. Das Aufheben traditioneller Arbeitstechniken und dadurch bedingter Stellenbeschreibungen führt nach Horx nicht zu weniger, sondern zu anderen Arten von Arbeit. Also keine Arbeitsvernichtung durch Technologie, sondern eher Entstehung neuer, heute noch unbekannter Berufe. Weiterhin bemängelt Horx zukünftig nicht ein „Zuviel" an Informationen, wohl aber neue Anforderungen für Menschen, sich in dem unendlichen Angebot an internet-basierten Informationen zurechtzufinden. Und was das Leben zukünftig noch komplexer macht: es wird nicht nur die Alternative zwischen „hard work" und „smart work" geben, sondern noch einen dritten, neuen Arbeitssektor: den des nicht-monetären Austauschs von Waren und Dienstleistungen im Sinne von neuen Formen des Tausches, der ‚sharing economy'[18] und des ‚social entrepreneurship'[19].

Was allen diesen Ankündigungen zugrunde liegt ist, dass Menschen neue Formen der Kreativität, der Kommunikation, des Lernens und

---

[18] Sharing economy: Austausch von Waren und Dienstleistungen auf nicht-monetärer Basis oder mit lokal begrenzten Tauschwährungen. Dadurch nachbarschafts-bzw. gemeinschaftsbildend

[19] Social Entrepreneurship: Gründung von Unternehmen, die nicht primär Gewinn anstreben (ihn aber auch nicht ablehnen), sondern vor allem eine unternehmerische Idee im Bereich von Gesundheit, Kunst, Sozialem oder Ökologie umsetzen. Genutzt werden können Rechtsform und/oder Strukturen üblicher marktorientierter Unternehmen.

des Wirtschaftens finden werden, die ein höheres Maß an Kreativität und Anpassungsfähigkeit erfordern. Wie wird sich der Team-Gedanke dabei entwickeln?

Die CoP –Team 2.0

Wie nun passt die CoP in diese Modelle? Da sich die CoP Kategorisierungen der genannten Art nicht entzieht, sondern diese ergänzen und bereichern kann, ist die CoP in idealer Weise geeignet, sich für die Zukunft zu rüsten. CoP ist eben nicht gleich Team, aber auch Team. Sie geht jedoch darüber hinaus, da sie auch für komplexe Fragestellungen bestens geeignet ist.

In vielen Bereichen geschieht das schon, so gibt es z.B. bereits heute Netzwerke von Freelancern, die Communities bilden und sich gegenseitig dabei unterstützen, wenn es um Qualifizierungsempfehlungen, Auftragsvergaben, Standardisierungen usw. geht.

Hinzu kommt, dass das Team-Verständnis in dem gängigen Ansatz der Moderne vor allem als Arbeitsmittel oder Werkzeug verstanden wird, um (Arbeits-)Aufträge zu erfüllen. Ein postmoderner Ansatz hingegen versteht Team als Gelegenheit, sich vor allem emotional in einer Gruppe aufgefangen zu sehen. Keiner der beiden Ansätze ist falsch, aber jeder für sich zu einseitig. Die CoP als Team 2.0 integriert beide Ansätze. Die Pfeiler „Wachsen, Lernen, Transformieren" beinhalten Problemlösungen, stellen sich aber auch den darüber hinaus gehenden Anforderungen sozialer Gruppen in Hinblick auf „Community Building". Sachthemen können in der CoP genauso ihren Schwerpunkt haben wie Emotionen. Der vierte Pfeiler „Verbinden"

drückt das aus, aber auch „Lernen, Wachsen, Transformieren"
können sich auf soziale Vorgänge genauso beziehen wie auf „harte
Fakten". Das kann im Kleinen genauso wie im Großen gelten, also für
das Arbeitsteam ebenso wie für die Organisation.

Möglichkeitsräume – Zukunft gestalten

Das Wohin, das erst noch entsteht

Ein Haus besitzt normalerweise eine bestimmte Anzahl von Zimmern.
Niemand käme auf die Idee zu erwarten, dass diese Anzahl ohne
weitere Baumaßnahmen zunehmen kann. In einer Community of
Practice kann jedoch genau das geschehen! Es sind Räume („Themen,
Inhalte, Kompetenzen...") bekannt, in denen man sich wohlfühlt und
innerhalb derer man sich bewegt. Irgendwann macht die Community
die Entdeckung, dass sie das Potential hat, das Spektrum zu erweitern
und neue Räume zu erobern. Diese Räume erlauben ein Erleben und
Bewegen, das vorher so nicht möglich war. Es handelt sich um
Möglichkeitsräume.

Die Community der Umweltschützer entdeckt, dass es möglich ist,
einen dritten Weg jenseits des „Ich gewinne – Du verlierst" zu finden,
ohne faule Kompromisse einzugehen. Zum Beispiel dadurch, dass es
gelingt, mit allen Stakeholdern an einem Tisch einen alternativen
Standort für die Windkraftanlage zu finden, der umweltverträglicher

als der zuerst vorgeschlagene ist und den bisher niemand auf dem Schirm hatte, weil sich alle Beteiligten in ihre Positionen verbissen hatten.

Die CoP der Kirchenerneuerung entdeckt in ihrem Entwicklungsprozess hin zu einer neuen Kirche, dass ihr bisheriger Standort räumlich so beschränkt ist, dass Veränderung nur schwer oder gar nicht möglich ist. Sie schlägt also einen Umzug und Neubau an einer anderen Stelle in der Stadt vor.

Die CoP der Tai-Chi-Lehrer stellt fest, dass es einen Bedarf für Menschen gibt, die das 50. Lebensjahr überschritten haben, deren Interesse über das reine Gesundheitsangebot („Tai Chi an der Volkshochschule") hinausgeht. Auf der einen Seite möchte man sich etwas Gutes tun, in dem gesunder Sport betrieben wird, auf der anderen Seite besteht der Wunsch nach effektiver Selbstverteidigung, die man auch in fortgeschrittenem Alter erlernen und praktizieren kann, ohne mit Zwanzigjährigen „noch auf die Matte zu müssen".

Was alle genannten Beispiele gemeinsam haben:

Möglichkeitsräume sind Realitäten, die während der Phasen der Community of Practice noch im Werden sind oder überhaupt erst entstehen. Sie sind also nicht als Ergebnis eines analytischen Prozesses am Beginn der CoP, sondern emergieren während der Phasen durch das Zusammenspiel von Kreativität, Lernen, Emergenz und sozialer Dynamik. Dementsprechend ist es normal, dass in der Gründungsphase noch gar keine konkrete Vorstellung der Möglichkeitsräume besteht. Es kann aber auch sein, dass die CoP mit einem Vorsatz „Wir wollen/wir werden..." startet. In den genannten Beispielen gibt es beides. Die Entstehung von Möglichkeitsräumen innerhalb der Communities of Practice muss kein Zufallsprodukt sein, es gibt Techniken und Vorgehensweisen, die das bewusste „Ko-Kreieren"[20] zum Ziel haben und Emergenz begünstigen. Vor allem bei Communities mit hoher innerer Kohärenz und Motivation geschieht das fast von selbst.

Möglichkeitsräume: Der geschützte Raum

Eine weitergehende Variante des Möglichkeitsraumes ist der „geschützte Raum"

Wenn man eine Zeit lang in einem großen Unternehmen arbeitet, kann man erstaunliche Beobachtungen machen, was individuelle Karriereverläufe angeht. Wie mir ein guter Freund damals sagte: für eine Karriere solle man entweder brillant oder ein „guter Soldat" sein, der kontinuierlich, leise und möglichst unauffällig (!) seine Arbeit mache. Brillante Personen habe ich in diesen Kontexten eher selten angetroffen... Immerhin scheint seit einigen Jahren zumindest offiziell ein Umdenken stattzufinden. Zu offensichtlich ist die Diskrepanz

---

[20] Ko-Kreation: Kreativer gemeinschaftlicher Ansatz unter bewusster Nutzung evolutionärer Prinzipien, später mehr dazu

zwischen Duckmäusertum und eingeforderter offener Kommunikation, Flexibilität und Kreativität.

Die Community of Practice kann von ihren Mitgliedern so verstanden werden, dass sie innerhalb einer großen Organisation einen Raum bietet, in dem die vielen geschriebenen und ungeschriebenen Gesetze in Bezug auf das, was man denken, tun oder lassen sollte, nicht gelten müssen. Der notwendige Schutz der/des Einzelnen kommt dadurch zustande, dass eine gegenseitige Verpflichtung zur Verschwiegenheit nach außen einen wichtigen Grundkonsens der CoP darstellt. Diese Vertraulichkeit lässt Gedanken frei fließen und Grenzen fallen. Der geschützte Raum kann so zu einem ko-kreativen Raum werden.

Verschwiegenheit ist eine Grundvoraussetzung für Vertrauen und Vertrauen die Grundvoraussetzung für intakte Beziehungen, einem weiteren zentralen Aspekt der Communities of Practice.

Ein geschützter Raum entsteht, indem sich die Beteiligten zuerst einmal darüber austauschen, was die Mitglieder unter „geschützt" verstehen und sich in Form eines Vertrags (geschrieben oder mündlich) gemeinsam dazu verpflichten, sich an diese Regeln zu halten. Ziel ist nicht, Sanktionen für mögliches Fehlverhalten festzulegen, sondern dass alle auf derselben Ebene sind und sich damit auch verbindlich einverstanden erklären. Diskussionen dieser

Art können viel Zeit beanspruchen und das ist auch angebracht. Der geschützte Raum soll natürlich nicht in eine Geheimgesellschaft ausarten. Sollte dieser Eindruck außerhalb der CoP entstehen, kann das fatal sein. Es sollte ein gut tariertes Gleichgewicht zwischen Transparenz nach außen und Vertraulichkeit nach innen entstehen. Dies sollte auf jeden Fall Bestandteil einer CoP-internen Wertediskussion werden, wie sie gegen Ende des Buches noch beschrieben wird.

Die CoP – und wieso funktioniert das?

Die Community of Practice kann an Erfahrungen andocken, die wahrscheinlich jeder Mensch in seiner Geschichte gemacht hat, wenn er für irgendein Thema, sei es beruflicher oder privater Natur, Leidenschaft oder Begeisterung entwickelt hat. Auch Lernen als positive Erfahrung und inneres Wachstum hat jede/r schon erlebt (und ich spreche hier nicht nur von Schule...). Häufig sind für wirklich positive Erfahrungen aber „Umwege" notwendig, so wie ich das gern einmal exemplarisch aus meinem eigenen Erleben beschreiben möchte.

Ich war ein vergleichsweise schlechter Gymnasial-Schüler und habe lange gezweifelt, ob ich überhaupt die Fähigkeit für ein wissenschaftliches Studium hätte. Daher fing ich erst spät mit dem Studium an. Eine meiner wichtigsten Ziele war es, mich auch international bewegen zu können, und dazu waren gute Fremdsprachenkenntnisse nötig. Motiviert war ich also - und tatsächlich, meine erste Klausur an der Hochschule war eine „1,75", also eine 2+ und das auch noch in Englisch, einem Fach, das ich auf dem Gymnasium in der neunten Klasse mit einer 5 abgewählt hatte. Ich war von dem Ergebnis völlig überrascht und so aufgeregt, dass ich die ganze darauf folgende Nacht keine Ruhe fand.

In den folgenden Jahren des Studiums bewegten sich fast alle meiner weiteren Klausuren und ebenso die Diplomarbeit zwischen den Noten eins und zwei ... also zwischen gut und sehr gut.

Von Anfang an fragte ich mich, was den Unterschied zwischen dem Studium und meiner alles andere als gradlinigen Gymnasiallaufbahn ausmachte. Warum fühlte sich Studium für mich so anders an?

Vor allem ging es um

- *Spaß am Lernen (kannte ich so vorher nicht)*
- *echtes Interesse an den fachlichen Inhalten (mit Interesse kommt Leidenschaft)*
- *den unbedingten Willen, ein gutes Studium zu schaffen (Wachsen) und*
- *meine Mitstudenten, zu denen sich sofort freundliche bis freundschaftliche Verbindungen aufbauten (Beziehungen)*
- *meine Professoren, die mehrheitlich eine gesunde Autorität mit Neugier verbanden und gern mit ihren Studenten in Kontakt waren (vorbildlich als Lehrende)*

Das öffnete bei mir buchstäblich die Kanäle, die das Bewältigen eines akademischen Stoffes ermöglichten (Transformation).

Man sieht: die Prinzipien der CoP lassen sich sogar bei Einzelpersonen anwenden.

Es gibt bei jedem Menschen Erfahrungen, die irgendwann im Leben gewonnen wurden und die sich bei der CoP wiederfinden. Es muss nicht gleich ein Hochschulstudium sein. Gute Erfahrungen in Arbeitsteams oder Interessengruppen reichen, um von ihnen zu profitieren und sie in der CoP wiederzufinden und anzuwenden.

Um sich diese Erfahrungen bewusst zu machen, sind die folgenden Fragen hilfreich:

- Wo, an welcher Stelle und unter welchen Umständen habe ich gerne gelernt?
- Was hat mich wann und unter welchen Bedingungen wirklich weitergebracht?
- Welche Menschen/Gruppen haben mir dabei gutgetan?
- Wie war die Verbindung zu diesen Menschen?
- Wo habe ich echte und nachhaltige Veränderung bei mir selbst oder in den Systemen, in dem ich mich bewegte, wahrgenommen?
- Gibt oder gab es in meinem Leben Inseln des Gesunden?
- Fühle ich mich von diesen Inseln des Gesunden angezogen?
- Was hätte es gebraucht, damit ich Teil dieser Inseln hätte werden können?

Darüber hinaus verfügt die CoP als soziales Gefüge noch über weitere innere Weisheiten und Prinzipien, die für Gelingen sorgen und weit über das hinausgehen, was einzelnen Personen als Individuum zur Verfügung steht. Dazu gehören:

- Emergenz
- das generative Feld
- Selbstorganisation und
- Ko-Kreation.

Was sich hinter diesen Begriffen verbirgt und wie man mit ihnen arbeitet, ist Inhalt der nächsten Kapitel.

Emergenz

Emergenz bezeichnet das Phänomen, dass Dinge quasi aus sich selbst heraus entstehen und damit etwas „Neues". Persönlichkeit zum Beispiel emergiert in Menschen im Verlauf ihres Lebens und den damit verbundenen biologischen, psychischen und mentalen Prozessen. Betrachtet man ein Neugeborenes, ist niemand in der Lage vorherzusagen, wie genau sich dieser Mensch im Laufe seines Lebens entwickeln wird. Persönlichkeit emergiert aus dem komplexen Zusammenspiel von Erbanlage, Lebensumständen, Lernerfahrungen und -prozessen und vielem mehr. Auch das *Bewusstsein* eines Menschen, ganz gleich auf welcher Ebene, kann als Emergenz des Gehirns selbst angesehen werden. Diese Emergenz des Bewusstseins kann das ganze Leben lang andauern. Der aktuelle Stand der Hirnforschung unterstützt diese Annahme, da die Plastizität des Gehirns eben kein altersbedingtes Ende finden muss[21].

Emergenz begegnet uns nicht nur in der Persönlichkeitsentwicklung von Menschen, sondern auch da, wo Gruppen von Menschen aus sich selbst heraus nicht nur einen Schritt vorwärts, sondern einen regelrechten Sprung nach oben[22] erleben. Die Entstehung der

---

[21] Vgl. „Neustart im Kopf", N. Doidge, Campus Verlag 3. Aufl. 2017

[22] "Nach vorne" ist hier nicht so wertend gemeint, wie es sich auf den ersten Blick anhört. Viele Menschen, vor allem aus dem postmodernen Spektrum,

Demokratie als Staatsform kann als emergenter Prozess in der gesellschaftlichen Entwicklung verstanden werden. Demokratie war nicht auf einmal da, sondern ergab sich aus dem komplexen Zusammenspiel zwischen den Lebensumständen der Beteiligten und entwickelte sich in mehreren Stufen über einen langen Zeitraum hin zu dem, was heute „nicht als die beste, aber beste derzeit mögliche Staatsform" gesehen wird.

CoPs nutzen das Prinzip der Emergenz, um Möglichkeitsräume aus dem Zusammenspiel der Community mit den angetroffenen Lebensumständen entstehen zu lassen. Emergenz geht weiter als der Begriff der Kreativität, da Kreativität vor allem bedeutet, *Vorhandenes* zu kombinieren und dadurch Neues entstehen zu lassen. Zum Beispiel ist das Nutzen einer Autofelge als Musikinstrument nicht wirklich etwas neu Geschaffenes, aber zweifellos kreativ.

Emergenz erfolgt nicht zwangsläufig oder automatisch, sondern es braucht möglichst ideale Bedingungen, quasi ein geeignetes „Biotop", damit Emergenz geschehen kann.

Bedingungen zur Emergenz

---

haben eine oft berechtigte Abneigung gegen eine Bewertung von Menschen oder Gruppen in Hinblick auf "oben und unten". Was hier gemeint ist, ist eher eine Art "Wachstumshierarchie". Ein Sprung nach oben bedeutet demnach keinen Macht- oder Bedeutungszuwachs, sondern eher "realisiertes Wachstum", also einen Sprung nach vorn.

Systeme sind dann zur Emergenz fähig, wenn sie nicht blockiert oder geschlossen, sondern idealerweise offen sind (mehr dazu im nächsten Kapitel).

Ein naheliegender Gedanke ist, dass die Primär-Bedürfnisse der Maslowschen Bedürfnispyramide[23] erfüllt sein müssen, die das Überleben sichern (Essen, Wohnen, Schlafen…). Ein leerer Bauch denkt nicht gern? Blickt man in die Geschichte, lassen sich auch Beispiele für Emergenz bei Menschen finden, die durchaus um das Überleben kämpfen. Die sogenannte neolithische Revolution, als die Menschheit erstmals in ihrer evolutionären Entwicklung anfing, Ackerbau und Viehzucht zu betreiben, nachdem sie Jahrzehntausende ihr Überleben als Jäger und Sammler gesichert hatte, könnte so ein Beispiel sein. Es ist kein Zufall, dass mit der Emergenz von neuen Formen des Zusammen- und Überlebens zeitgleich die ersten Kulturen entstanden, Menschen also Zeit für künstlerische Ausdrucksformen fanden.

Aber es geht auch eine Nummer kleiner: Unternehmen (genau wie Einzelpersonen), die in Krisen stecken, können manchmal gerade unter Druck richtige und gute Entscheidungen treffen und sich am eigenen Schopf aus dem Sumpf ziehen. Krisen bedeuten aber auch Stress für die Organisation und ihre Mitglieder. Betrachtet man Stress als eine Form von Energie, die in der Organisation wirkt, dann

---

[23] https://de.wikipedia.org/wiki/Maslowsche_Bedürfnishierarchie

geschieht Emergenz, wenn die Stress-Energie in konstruktive und kreative Bahnen gelenkt wird. Dieses Prinzip findet sich genauso in der Binsenweisheit, dass Krise auch immer Chance bedeutet. Stress und die damit verbundenen Reaktionen haben als Anpassungsleistung immer mit dem Umgang mit Veränderung zu tun.

Veränderung – Angst kostet

Systeme können in unterschiedlichen Graden oder Abstufungen in der Lage sein, Veränderungsprozesse zu gestalten.

Dabei hat wohl jeder Mensch schon einmal in einer Kirche, Firma, Schule oder sonstigen Gruppe die Erfahrung gemacht, dass man Veränderung

- nicht will (Geschlossenes System)
- will aber nicht kann (Blockiertes System) oder aber
- will und kann, ihr positiv gegenüber eingestellt ist (Offenes System)

Betrachtet man ein System aus Sicht der CoP, so sollte das System idealerweise nicht geschlossen oder blockiert sein. Geschlossen bedeutet, *grundsätzlich* nicht offen oder fähig für Veränderungen zu sein oder es jemals anzustreben. Blockiert bedeutet, *zu diesem Zeitpunkt* nicht offen, grundsätzlich aber zumindest fähig zu Veränderung zu sein. Ich erlebe leider häufiger, dass Angst das vorherrschende Motiv für Blockaden oder Geschlossenheit ist.

Angst macht eben dumm... [24]

Angstfreiheit ist also eine Grundvoraussetzung für Entwicklungen hin zu höherer Komplexität. Veränderungen sind natürlich auch „nach unten" im Sinne von Regressionen möglich – aber aus naheliegenden Gründen selten wirklich erstrebenswert. Gerade Organisationen können erstaunliche Fähigkeiten entwickeln, Angst so weitgehend in sich zu kultivieren, dass überhaupt kein *Bewusstsein* mehr für die zuvor beschriebenen Folgen von Angst besteht, obwohl die Konsequenzen allgegenwärtig und für Außenstehende offensichtlich sind. Der menschliche Geist ist darüber hinaus ungeheuer erfinderisch, logisch klingende Begründungen zu entwickeln, warum man sich gerade jetzt eben nicht mit Veränderung befassen kann oder möchte.[25]/[26]

Communities of Practice finden sich in Organisationen in allen Zuständen, jedoch nehmen sie dort ganz unterschiedliche Rollen ein.

---

[24] Kein flotter Spruch, sondern das Ergebnis moderner Stress- und Resilienzforschung. Angst erzeugt Stress (mit Kampf, Flucht oder Erstarren als Reflex). Stress reduziert uns über die Stresshormone gemäß unserer Natur auf die grundlegenden Überlebensfunktionen und verhindert dadurch höhere kognitive Prozesse.

[25] Man nennt diesen Vorgang auch Rationalisieren. Im Englischen, das diesen Zusammenhang besser auf den Punkt bringt, spricht man von "rationalize = rational lies", also verstandesmäßig gut begründeten Selbst-Täuschungen.

[26] Vgl: https://de.wikipedia.org/wiki/Grundformen_der_Angst

Die CoP im geschlossenen System

In geschlossenen Systemen machen CoPs nur unter bestimmten Voraussetzungen Sinn. Die grundsätzlich fehlende Bereitschaft oder Möglichkeit zur Veränderung sorgt entweder dafür, dass das System untergeht oder der Druck irgendwann so groß wird, dass das System sich gezwungen sieht, sich für Veränderung zu öffnen. Kommt es aber doch zu CoPs, z.B. weil sich konstruktive Kräfte freischwimmen wollen, entwickelt sich im günstigen Fall eine *Insel des Gesunden* innerhalb der Organisation, die es so lernen kann, zu überleben oder wenigstens notwendige Schritte hin zu diesem Überleben zu entwickeln.

Im ungünstigen Fall kämpft die CoP einen ständigen Kampf gegen einen übermächtig scheinenden Gegner. In jedem Fall wird der Energieeinsatz immens und das Ergebnis fraglich sein.

Beispiel: Bei der Firma Eastman-Kodak entstand in den 70er Jahren ein Entwicklungsteam für digitales Fotografieren. Kodak als Weltmarktführer für konventionelle *analoge* Filmentwicklung betrachtete Digitales Fotografieren berechtigterweise als existentiell bedrohlich und ließ die – damals bahnbrechenden – Entwicklungen ihrer „CoP Digitales Fotografieren" in der Schreibtischschublade verschwinden.

Wer kennt heute noch Kodak?

Die CoP im blockierten System

Dagegen sind CoPs in blockierten Systemen besonderen sinnvoll!

Sie können einer der Faktoren sein, die die für Transformationen notwendige Offenheit erst ermöglichen. Offenheit ist für jede Entwicklung eine notwendige Voraussetzung.

Weiterhin sollte nicht zu viel Druck auf der Gruppe oder ihren Individuen liegen. Wer um das Überleben kämpft, ist nicht in der Lage, Entwicklungsprozesse zu diskutieren oder Pläne zu entwickeln, wenn die Energie vollständig in das Kämpfen geht.

Auch das Gegenteil ist möglich. Ist die Community auf einem niedrigen energetischen Level, so ist möglicherweise nur Regression oder Stillstand möglich.

Beispiel: Noch vor wenigen Jahren empfanden viele potentielle Wähler die Christdemokratische Partei Deutschlands (CDU) in Hinblick auf die sich in wesentlichen Lebensbereichen stark verändernde Gesellschaft als „blockiert" (Nicht-Anerkennung der Homo-Ehe, Festhalten an Atomkraft, Ignorieren der Nöte Alleinerziehender, Ehegattensplitting...). Allerdings gab es immer auch innerhalb der CDU einige Parteimitglieder, die nicht nur konservativ, sondern auch „grün" dachten. Die gegenüber links/grün weitgehend blockierte Gesamtpartei konnte sich jedoch nach 2008 und insbesondere nach dem Reaktorunglück in Fukushima einem „Grün-Shift" nicht verschließen. Die Grünen innerhalb der CDU erkannten ihre Chance. Heute erscheint vielen Alt-Konservativen die CDU geradezu als eher grüne und sozialdemokratische Partei.

Im Idealfall stellen CoPs in unbeweglichen Organisationen fest, dass sich auch in verkrusteten Strukturen noch etwas tun lässt. Das Arbeiten geht besser von der Hand, die Stimmung ist signifikant besser geworden, die Institution menschenfreundlicher und eine Leichtigkeit schafft sich Raum, an die vorher nicht zu denken war...

Den Start dazu kann eine Insel des Gesunden bilden.

Die CoP im offenen System

Offene Systeme sind die Biotope, in denen sich CoPs besonders wohl fühlen. CoPs können hier als Entwicklungsinseln oder Experimentierfelder arbeiten.

Offene Systeme begegnen CoPs und deren Mitgliedern nicht mit Misstrauen oder Vorbehalten, sondern mit Offenheit, und sie werden die CoPs gern unterstützen. Sie sind neugierig auf das, was in den CoPs geschieht, und interessieren sich nicht nur für Ergebnisse, sondern auch für Entwicklungen und Prozesse.

Sie fördern Möglichkeiten, die CoP produktiv in die Organisation einzubinden, und regen an, sich zu multiplizieren, um die Erkenntnisse für die gesamte Organisation nutzbar zu machen.

CoPs bereiten transformatorische Veränderungen vor, üben diese innerhalb des eigenen Umfeldes und multiplizieren sich idealerweise, bis die gesamte Organisation einen wesentlichen Schritt in Hinblick auf Komplexitätsbewältigung macht. Besonders dann, wenn Organisationen bewusst evolutionäre Entwicklungen unterstützen, sind CoPs willkommene Brutstätten dessen, was von der Zukunft her emergieren möchte. Dieses „Entstehen aus der Zukunft" ist eine der Grundzüge der „Theory U", die in einem späteren Kapitel beschrieben wird.

Das Generative Feld

Die oben beschriebenen Möglichkeitsräume als emergenter Ausdruck eines kollektiven und kreativen Bewusstseins einer Gruppe von Menschen sind Ergebnis des *Generativen Feldes*.

Ähnlich wie z.B. elektrische Felder sind generative Felder systemische Zusammenhänge, jedoch sozialer Art, die sinnlich[27] nicht direkt wahrnehmbar, aber trotzdem vorhanden sind. Weitere Ähnlichkeiten zur Physik sind das Vorhandensein von *Energie* im Feld und dessen räumliche Begrenztheit. Ein Feld ist irgendwo auch zu Ende, grenzt sich also zur Umgebung hin ab.

Soziale Felder besitzen eine besondere Intelligenz, die Feldintelligenz oder auch *kollektive Weisheit*. Feldintelligenz setzt keinen bestimmten Ort voraus, das Feld kann auch in virtuellen Communities entstehen. Das Gegenteil ist aber auch möglich, die *kollektive Dummheit*. Der Begriff *generativ* spricht die Feld*intelligenz* an, denn als soziales Gefüge schöpferisch tätig zu sein, setzt Intelligenz voraus. Einen möglichen „Beweis" für Phänomene wie Feldintelligenz kann man in den Unterschieden in Verhaltensweisen desselben Individuums allein und im Feldkontext sehen. Ein Fußballfan mag im Normalfall nicht viel von einem Fan eines „gegnerischen" Vereins halten, er wird ihm aber auf der Straße, anders als vielleicht im

---

[27] Die Bemerkung „sinnlich nicht wahrnehmbar" beschränkt sich natürlich auf das Wahrnehmungsvermögen von *Menschen*, aber um die geht es ja hier auch.

Stadion, kaum wutentbrannt entgegenlaufen, um ihn mit Begriffen zu beschimpfen, die üblicherweise nicht zu seinem Wortschatz gehören und kurz vor der körperlichen Auseinandersetzung stehen. Hier haben wir es also offensichtlich zwar eher mit Feldblödheit als mit Feldintelligenz zu tun, aber der grundlegende Mechanismus ist derselbe – im Positiven wie im Negativen. Unser Stadionbesucher gleicht im Normalfall einem eigentlich ganz vernünftigen Menschen, der im Kontext Stadion seine Identität zu wechseln scheint. Dass es hier um Identität und nicht einen oberflächlichen Rollenwechsel geht, bestätigen die hohen emotionalen Ausschläge, die mit diesem Beispiel verbunden sein können,

Das generative Feld kennzeichnet den Fall, dass zwischen Menschen eine systemische Verbindung existiert, die in der Lage ist, *generativ* zu sein, d.h. etwas aus sich selbst heraus hervorbringen oder erzeugen zu können. Kennzeichnet Emergenz diesen Vorgang an sich, so ist das generative Feld das System, das Emergenz erst ermöglicht.

Communities of Practice können generative Felder sein, wenn sie durch Beziehungen zwischen den Mitgliedern, dem Vorhandensein von Energie und natürlich auch der Fähigkeit, Emergenz zu ermöglichen, gekennzeichnet sind. Auch existiert ein Bewusstsein der Abgrenzung nach außen und demzufolge notwendiger Schnittstellen, die eine Kommunikation mit diesem Außen gestalten.

Intelligenz braucht Identität und Wahrnehmung

Mit dem generativen Feld geht auch die Fähigkeit von Menschen einher, *besondere Kanäle* zu besitzen, die Vorgänge und Qualitäten innerhalb dieser Felder wahrnehmen und benennen können: die *Feldwahrnehmung*.

Das Feld wahrzunehmen bedeutet, weiche Faktoren wie z.B. die Verbindungsqualität der Menschen untereinander oder die vorhandene Energie zu „sehen" und damit auch bewerten zu können, inwieweit diese Qualitäten ausgeprägt und vielleicht sogar veränderungswürdig sind. Viele Menschen haben schon erlebt, dass sie in einer Versammlung geradezu sinnlich spüren, dass eine „Stimmung kippt". Das kann sich anfühlen wie ein plötzliches Nachlassen der Temperatur im Raum, wie eine elektrische Spannung, die in der Luft liegt, oder ein unerklärliches Ansteigen des eigenen Stresslevels. Oder dass sie in einen mit Menschen gefüllten Raum kommen und intuitiv wissen: es liegt Ärger in der Luft.

Interessanterweise ist für diese Feldwahrnehmung noch nicht mal notwendig, dass sich die Community gemeinsam an einem spezifischen geografischen Ort befindet ... [28]

---

[28] Das generative Feld ähnelt daher den von Rupert Sheldrake postulierten morphogenetischen Feldern, die zwar wissenschaftlich nicht beweisbar sind, aber für viele Phänomene die bisher bestmögliche Erklärung liefern (siehe dazu auch die Literaturhinweise). An dieser Stelle möchte ich nicht die Diskussion beginnen, ob solche Felder „wissenschaftlich" oder „beweisbar" sind.

Haben nun einzelne oder alle Mitglieder diese Feldwahrnehmung, dann kann die Community darauf reagieren. Diese Menschen können z.B. stimmungsbezogene oder energetische Zustandsänderungen beschreiben oder versuchen, diese positiv zu beeinflussen.[29] Wahrnehmungen dieser Art sollten jedoch als Frage an die Community und als Beschreibung der eigenen Sicht („Ich-Botschaft") formuliert werden, da sonst der Verdacht der Manipulation gegeben ist.

Kann man Feldbewusstsein lernen?

Genau wie bei der Empathie fällt es manchen Menschen leichter und anderen schwerer, Feldbewusstsein zu entwickeln. Vor allem ist innere Bereitschaft und Offenheit notwendig, andere wahrnehmen zu *wollen*. Die Augen zu schließen, innerlich ruhig zu werden und in sich hineinzuhören, „was das Feld zu sagen hat", ist ein guter Anfang; der Austausch mit anderen, ob die Wahrnehmungen zutreffen, ein weiterer wichtiger Faktor (man kann sich an so einer Stelle auch leicht irren!).

---

[29] An dieser Stelle möchte ich nicht weiter vertiefen, ob solche Felder „wissenschaftlich" oder überhaupt „beweisbar" sind. Wenn man sich mit der wissenschaftlichen Sichtweise beschäftigt, stellt man häufig fest, dass etwas durchaus funktionieren kann, auch wenn es aktuell wissenschaftlichen Kriterien nicht standhält.

In der Methodik der „Dynamic Facilitation" spielt Stille in Form einer Zeit des gemeinsamen Schweigens nach intensiver kreativer Arbeit eine große Rolle. Der Facilitator[30] weiß, dass das nur gelingen kann, wenn die TeilnehmerInnen vorher „leer" werden, also alles rauslassen können, was sie bewegt, egal ob Fragen, Lösungen, Bedenken oder Informationen. Häufig erfolgt gerade in diesem Schweigen ein sogenannter Durchbruch, d.h. jemand steht auf und sagt z.B.: „Ich weiß nicht, ob es Euch aufgefallen ist, aber es ist doch offensichtlich, dass ..." Die Gruppe stellt dann fest, dass mit einem einzigen Satz oft stunden- oder tagelange Arbeit zusammengefasst wird und man auf eine neue Ebene gelangen kann. Es entsteht ein Gefühl großer Empathie und die Gemeinsamkeiten sind auf einmal wichtiger als die Unterschiede (die Methode Dynamic Facilitation wird in einem späteren Kapitel noch beschrieben). Für eine Gruppe von Menschen kann es eine ungeheuer bereichernde und aufbauende Erfahrung sein festzustellen, dass sie eine Felderfahrung kollektiv teilen.

Auch Feldintelligenz, also kognitive und kreative Fähigkeiten des generativen Feldes, ist das Ergebnis von Lernprozessen und kann trainiert werden. Im Prinzip ist jeder Prozess, der das Miteinander

---

[30] Der Begriff Facilitator wurde von dem Erfinder der Methode „Dynamic Facilitation", Jim Rough, bewusst als Abgrenzung von „Moderator" verwendet. Ein Facilitator ist eher ein „Geburtshelfer" oder Ermöglicher eines Prozesses, den er inhaltlich so wenig wie möglich zu beeinflussen versucht. Tatsächlich holt ein Facilitator das aus den Menschen heraus, was *momentan* in ihnen ist. Moderatoren arbeiten wesentlich zielgerichteter.

von Teams oder Gruppen stärkt, ein gutes Mittel, die persönliche Feldwahrnehmung zu trainieren. Aber auch offene kreative Prozesse, z.B. Open Space Technology, die ein gemeinsames Arbeiten und eine Reflektion des Gruppenprozesses ermöglichen, sind hilfreich, um Feldintelligenz zu entwickeln. Um mit Feldintelligenz *bewusst* zu arbeiten oder diese zu entwickeln, bedarf es jedoch eigener Werkzeuge. C. Otto Scharmer hat in seiner Theory U z.B. den Begriff des "sensing" verwendet, um eine Fähigkeit der Feldwahrnehmung zu beschreiben.

Beispiel: Die Theory U von C. Otto Scharmer

C. Otto Scharmer hat mit seinem Werk „Theory U" umfassend beschrieben, wie eine mögliche Prozesskette innerhalb eines Systems aussehen kann, die Transformation in idealer Weise ermöglicht. Das ist innerhalb einer CoP selbst möglich oder in einer größeren Organisation, in die die CoP eingebettet ist. Scharmers Ziel ist es, mit der Theory U „von der Zukunft her zu lernen". Damit ist keine Hellseherei gemeint, sondern es geht darum, eine Atmosphäre – das Feld – zu ermöglichen, das Lösungen von der Zukunft her emergieren lassen kann. Die Zukunft spielt also insofern eine Rolle, als sie gestaltender Teil der Gegenwart wird („presencing"). Den vollständigen Prozess hier detailliert zu beschreiben, würde den Rahmen dieses Buches sprengen. Um eine Idee davon zu bekommen, wie so etwas funktionieren kann, werden hier die grundlegenden

Schritte nach Scharmer kurz angedeutet:[31]

- Co-Initiating: Ein gemeinsames Starten mit einer Art inneren tiefen Zuhörens, das Vorbereiten des generativen Feldes
- Co-Sensing: Das Hineinspüren in das generative Feld, das Aufladen des generativen Feldes
- Presencing: Das Vergegenwärtigen dessen, was von der Zukunft her emergieren möchte - das Erscheinen des generativen Feldes
- Crystallizing: Von der Idee zur Aktion, das Konkretisieren und erstes Praktisch-Werden - das Materialisieren des generativen Feldes
- Prototyping: Erste Aktionen des Konkreten verbunden mit weiterem Lernen - Das Kommunizieren des generativen Umfeldes mit der Umwelt
- Co-Evolving: Was kann noch kommen und wie kann das Momentum transportiert werden? Das Multiplizieren des generativen Feldes

Wer bewusst aktiv mit dem generativen Feld arbeiten möchte, findet in der Theory U eine hervorragende Methodik und mit dem U.Lab ein internationales Forum, in dem Erfahrungsaustausch und gemeinsames Erforschen möglich sind.

---

[31] Weiterführend": Theorie U Von der Zukunft her lernen, Scharmer, C.Otto, Carl Auer Verlag, Heidelberg 2009

Das U.Lab hat in vielen Situationen bereits unter Beweis gestellt, dass es tatsächlich möglich sein kann, von der Zukunft her zu lernen.

Selbstorganisation

Wie funktioniert Leben? Nach dem derzeitigen Stand des Wissens ließe sich die Komplexität des Lebens aus evolutionärer Perspektive auf die Formel bringen:

Leben = Anpassung + Selbstorganisation + Emergenz

Ein Kennzeichen lebender Systeme ist also - abstrakt formuliert -, dass sie in der Lage sind, aus sich selbst heraus grundsätzlich Neues entstehen lassen zu können. Dieses Neue kann so in das Vorhandene eingefügt werden, dass das System insgesamt weiterlebt – immer wieder neu angepasst und wenn nötig auf einer neuen Entwicklungsstufe. Prinzipien der Selbstorganisation lassen sich in allen lebendigen Systemen finden, sind sogar ein Kennzeichen für das Leben selbst. Was aber bedeutet Selbstorganisation genau?Bei Selbstorganisation geht es mehr um Anpassung und Entwicklung als um Organisieren als Tätigkeit. Auf die CoPs übertragen bedeutet das, dass die Mitglieder der CoP aus sich selbst heraus ihre Bedingungen und Verhältnisse flexibel und selbstbestimmt gestalten.

Ein Beispiel: Die Mitglieder eines Fertigungsteams in einem produzierenden Unternehmen beschließen, nachdem ihre Geschäftsleitung mehr Flexibilität und Eigenverantwortlichkeit fordert, zukünftig Häufigkeit und Ablauf ihrer Meetings selbst zu bestimmen und selbst Entscheidungen zu treffen. Sie lösen sich dadurch von den Vorgaben, die die Organisation selbst sich und ihren Arbeitsteams bisher gegeben hat. Gleichzeitig geben sie die Team-Hierarchie auf. Dadurch, dass die Mitglieder zukünftig selbst entscheiden und organisieren, definiert sich auch die Position des Team-Leaders neu.

Damit steigt die *Autonomie* des Teams („Selbst denken, fühlen, handeln"), ein Begriff, der eng mit dem der Selbstorganisation verwandt ist. Das Team stellt fest, dass es durch den höheren Grad an Autonomie neu überdenken muss, wie es mit der Außenwelt (Unternehmen, Kunden, Lieferanten…) kommunizieren will. Idealerweise bindet es die „Betroffenen" (Stakeholder) mit ein.

Bei vielen Menschen, die sich mit Organisation beschäftigen, ist Selbstorganisation ein großes Thema und wird mittlerweile vielfach als ein Allheilmittel gesehen.[32] Dabei ist Selbstorganisation als Begriff

---

[32] Siehe dazu auch Frederic Laloux, der mit dem Buch "Reinventing Organisations" ein neues Paradigma für die Arbeitswelt formuliert hat (Nelson Parker 2014). Allerdings wird Selbstorganisation auch gern mit Eigenverantwortung verwechselt. Eine Geschäftsleitung, die von ihren Mitarbeitern Schritte zur Selbstorganisation einfordert, meint möglicherweise eher, dass sie mehr Eigenverantwortung übernehmen sollen.

schwer zu definieren. Gruppen von Menschen organisieren sich in den seltensten Fällen wirklich spontan und aus sich selbst heraus, oder wenn doch, dann eher für kurze Zeit und häufig ohne Nachhaltigkeit. Die oben getroffene Verwendung des Begriffs aus systemtheoretischer Perspektive beschreibt selbstorganisierte Systeme als aus sich selbst heraus formgebend, gestaltend und begrenzend.[33] Die sich für die Community of Practice ergebenden Fragen lauten entsprechend:

- Welche *Form* geben wir uns, um idealerweise eine Community bilden zu können?
- Welche *Einfluss- und Gestaltungsmöglichkeiten* haben wir?
- Wo sind die *Grenzen* unserer Einfluss- und Gestaltungsmöglichkeiten?

Derart allgemein gehalten, gehen diese Fragen deutlich über Diskussionen über "Strukturen" hinaus und das ist auch so beabsichtigt. Selbstorganisation bedeutet einen ständigen bewussten und im Idealfall evolutionären Veränderungsprozess mit allen damit verbundenen Herausforderungen und Ängsten – sowie auch Chancen. Damit steigen natürlich auch die Anforderungen an diejenigen, die sich selbstorganisieren möchten.

Wer Selbstorganisation innerhalb von sozialen Gruppen anstrebt,

---

[33] Siehe dazu auch https://de.wikipedia.org/wiki/Selbstorganisation

sollte sich darüber im Klaren sein, dass

- Offenheit
- Eigenverantwortung
- Bereitschaft zur Kooperation
- Wille zum Gestalten
- Fähigkeit, sich Fehler einzugestehen und aus ihnen zu lernen
- andere Nutzung vorhandener Ressourcen
- Neuordnung /Verlust von bisherigen Zuständigkeiten
- Flexibilität

Qualitäten darstellen, die möglichweise in der Organisation bisher nicht vorhanden sind und gegebenenfalls über einen längeren Zeitraum erst noch erlernt und erschlossen werden müssen. Selbstorganisation ist kein Selbstläufer!

Ko-Kreation

Der Begriff "Co-Creation" wurde erstmals in der Harvard Business Review im Jahr 2000 beschrieben.[34] Ursprünglich ging es darum, Produkte und Services nicht mehr, wie damals üblich, in eigenen Abteilungen und Labors der Firmen entstehen zu lassen, die weit weg vom Kunden waren (der berühmte "Elfenbeinturm").

Stattdessen sollten Lieferanten und Kunden gemeinsam in einen kreativen Prozess eintreten, so, als wenn sie insgesamt ein komplettes Team wären. Das erinnert nicht zufällig an das später im Kapitel „Bezugsrahmen" noch genauer beschriebene Stakeholder-Konzept. Auch beim Ko-Kreieren ging es von Anfang an darum, die manchmal durch fachliche Scheuklappen oder Fixierung auf eigene Interessen zu eingeengten Bezugsrahmen zu überwinden und Kräfte freizusetzen, wie es für eine einzelne Abteilung oder Organisation sonst nicht möglich gewesen wäre.

Der Begriff des Ko-Kreierens geht noch einen Schritt weiter: idealerweise treten *alle* Stakeholder in den kreativen Prozess mit ein, nicht nur Firmen und ihre Kunden. Seit einigen Jahren geht das

[34] Die Autoren Prahalad und Ramaswamy beschrieben dort das gemeinsame und synergetische Vorgehen von Lieferanten und Kunden. Der Artikel kann hier https://hbr.org/2000/01/co-opting-customer-competence eingesehen werden. Da eine gewisse Verwechslungsgefahr mit New-Age-Konzepten besteht, die sich mittlerweile der gleichen Begrifflichkeit als Panazee (Allheilmittel) bedienen, verwende ich hier weiterhin das eingedeutschte "Ko-Kreieren" im Sinne des ursprünglich in der HBR von Prahalad und Ramaswamy verwendeten Konzeptes.

Unternehmen Burberry in Großbritannien einen spannenden und konsequenten Weg des Ko-Kreierens. Burberry war früher als Anbieter eher spießiger Luxus-Modeartikel bekannt, daher änderte das Unternehmen ab 2011 radikal seine Strategie. Die Trennung zwischen Unternehmen und Kunden sollte ko-kreativ neu betrachtet und so eine intensive Nähe und Verbundenheit mit Kunden und anderen Personenkreisen hergestellt werden. Mit viel Aufwand wurde ein Online-Portal entwickelt, das z.B. den Kunden zum Mit-Entwickler machte und so half, die Grenzen zwischen dem Unternehmen, seinen Kunden und der Umwelt durchlässiger werden zu lassen.

Ko-Kreieren ist also im ersten Schritt eine Erweiterung des Bezugsrahmens einer Gruppe von Menschen, die naturgemäß für sich selbst eine zu einseitige Wahrnehmung in Hinblick auf ein komplexes Subjekt haben.

Dazu treten die Beteiligten in einen gemeinsamen kreativen Prozess ein, der sich diese unterschiedlichen Wahrnehmungen zunutze macht. Die unterschiedlichen Interessen der Stakeholder tragen zu einer gemeinsamen kreativen Lösung bei. Dies gelingt vor allem dann, wenn sich Verbindungen zwischen den Beteiligten ergeben, die über eine reine Sacharbeit oder kollegiale Zusammenarbeit hinausgehen.

Die Zielrichtung ko-kreativen Werdens geht dahin, das in allen Beteiligten vorhandene kreative Potential zu heben. Damit es nicht bei einer leeren Worthülse bleibt, sollte der Prozess der Ko-Kreation gut geplant und trotzdem gleichzeitig so offen wie möglich gestaltet sein. Wie schon früher beschrieben, ist das kein Widerspruch, sondern ein Spannungsfeld. Beispielhaft sei die Methodik "Open Space" erwähnt, die den schmalen Grat zwischen einem Zuviel an Organisation und kreativem, aber unproduktivem Chaos entlang geht und zu manchmal überraschenden Resultaten führen kann – eben ko-kreativ.

Der sehr grundsätzliche Ansatz der Ko-Kreation ist natürlich nicht auf wirtschaftliche Fragestellungen beschränkt.

Ko-kreative Prozesse sind genauso in der Politik, in Umweltfragen oder in anderen gesellschaftlichen Themen gefragt, um echte Durchbrüche zu schaffen.

Grundprinzipien der CoPs: Wachsen

Der Begriff Wachstum kann unterschiedlich verstanden werden: quantitativ und/oder qualitativ. Vereinfacht bedeutet quantitativ dann „mehr Mitglieder" und qualitativ „inneres Wachstum". Eine Community of Practice ist vor allem qualitativem Wachstum verpflichtet, denn wenn Beziehungen aktiv gestaltet werden und ein Ziel gemeinsames Lernen ist, dann ist die Verbesserung wesentlicher Teil des Selbstverständnisses der CoP. Dazu kann sich die Zahl der Mitglieder ändern, muss es aber nicht. Manche Communities wollen bewusst klein bleiben, um z.B.

- Vertraulichkeit zu gewährleisten
- Die Wege kurz zu gestalten
- Entscheidungsprozesse einfach zu halten
- Energie nicht in Wiederholungschleifen zu stecken
- Einen höheren Spezialisierungsgrad zu erreichen

Für Mitgliederwachstum spricht:

- mehr Multiplikatoren
- mehr Einflussmöglichkeiten
- höhere Legitimation innerhalb einer bestehenden Organisation
- günstigere Ressourcenverteilung („Mehr Schultern")
- mehr Macht
- größeres kollektives Wissen

Bei der Entscheidung, ob und welche Art von Wachstum erwünscht ist, also qualitativ oder quantitativ, sind die folgenden Fragen hilfreich:

- Welche Gruppengröße ermöglicht am besten, zu lernen?
- Bis zu welcher Größe fällt es noch leicht, sich zu verbinden?
- An welchem Punkt stellt die CoP fest, dass sie ihr Wachstum unterbrechen muss?

Erfahrungsgemäß haben die bestehenden Mitglieder der CoP hier unterschiedliche Schwerpunkte und unterschiedliche Interessen. Einige mögen es eher klein und kuschelig, andere wollen so schnell wie möglich ihren Einfluss vergrößern. Viele finden sich irgendwo zwischen den Extremen. Der Umgang mit dem Thema Wachstum ist nie wirklich beendet - es sei denn, die CoP endet. Ein wichtiges Stichwort kann "organisch" sein. Wie der Begriff schon andeutet, hat dieses Verständnis von Wachstum Parallelen mit der Natur.

Eine Community braucht demnach, genau wie z.B. eine Pflanze

- Raum
- Klima
- Nährstoffe
- Einen Zusammenhang mit dem sie umgebenden Leben (Interdependenz des Lebenden) und dadurch Verbundenheit mit sich selbst und dem Außen
- Gesundes Wachstum von einem kleinen Start hin zu etwas Größerem, in ihrem idealen Tempo
- Selbsttranszendenz hin zu etwas Größerem (Atom-Molekül-Baum-Wald-Welt)

Wie das in Organisationen konkret aussehen kann, lässt sich durch Modelle beschreiben, wie z.B. das Business Model Canvas[35], das die systemischen Beziehungen eines Unternehmens/Teams oder einer Einzelperson in Hinblick auf

- Schlüsselkunden
- Kundenbeziehungen
- Kanäle
- Wertangebote
- Schlüsselaktivitäten
- Schlüsselressourcen
- Schlüsselpartner

---

[35] Siehe Literaturempfehlungen am Schluss zu „Business Model Generation"

- Kosten
- Einnahmen

darstellt und so konkrete Ansatzpunkte zu organischem Wachstum bieten kann. Diese Liste erhält dadurch Leben, dass die einzelnen Elemente untereinander in dynamischen Beziehungen miteinander verbunden gesehen werden.

Was beim Business Model Canvas auf den ersten Blick rein wirtschaftsorientiert scheint, beschreibt aber ein universelles Prinzip, das in jeder denkbaren Gruppenkonstellation (oder sogar für Individuen) funktioniert, also auch bei Hobbyteams, Kirchen, sozialen Organisationen .... Was zum Beispiel "Kunden" sind, lässt sich ja frei interpretieren: wem nützen wir?

Grundprinzipien der CoPs: Lernen

Die CoP wird bestrebt sein, eine ideale Umgebung für ihre Lernprozesse zu gestalten. Dazu sollte sie sich die Frage stellen, welche Lernprozesse innerhalb der CoP genutzt werden können, um dem Thema der CoP möglichst gerecht zu werden. Welche Methoden sollen angewendet werden? Beispielhaft werden einige Methoden kurz beschrieben, die in der Praxis hilfreich sind. Einige der Methoden brauchen, damit sie funktionieren, Übung und am besten eine entsprechende Ausbildung zumindest eines der Mitglieder.

Storytelling

Die Tatsache, dass Menschen in ihrer Geschichte über viele Jahrtausende für sie wichtige Inhalte ausschließlich mündlich überlieferten (orale Traditionen), wird genutzt, um Informationen aufzubereiten und zu speichern. Eine Anleitung dazu findest Du am Ende des Buches.

Austauschrunden mit dem Talking Stick

Eine Methode, die ihre Wurzeln bei den Ureinwohnern Nordamerikas haben soll. In einer Gesprächsrunde wechselt ein Gegenstand (z.B. der oben erwähnte Talking Stick) den Besitzer erst dann, wenn dieser davon überzeugt ist, alles Wichtige gesagt zu haben und verstanden worden zu sein. Reden darf nur die momentane BesitzerIn des Gegenstands. Das klappt sogar schon im Kindergarten (Stuhlkreis)!

Geführte Lern-Interviews

Sie sind dann ideal, wenn wenig Zeit zur Verfügung steht und effektives Arbeiten erforderlich ist. Die InterviewerIn bereitet einen Katalog von Fragen vor und stellt sie den anderen Mitgliedern, entweder reihum oder zufällig. Eine zweite Person sollte die Antwort protokollieren und ggf. Im Nachhinein zusammenfassen und allen zur Verfügung stellen. Eine einfache Struktur dazu, die situativ angepasst werden sollte, wäre:

Wie würdest Du die Situation beschreiben?

Welche Fragestellung / Herausforderung hat sich daraus für Dich ergeben?

Welche Lösungsmöglichkeiten hast Du gefunden? Welche Ideen hast Du gehabt?

Hat das Umsetzen funktioniert? Wenn ja, warum? Wenn nicht, woran ist das Umsetzen gescheitert?

Was möchtest Du uns als Fazit mitteilen?

World Café

Das World Café bietet ein ideales Forum, um gemeinsam zu lernen und auch emotionale und systemische Aspekte zu berücksichtigen. Zu einem Thema werden im Vorfeld Rollen (Sichtweisen/ Perspektiven möglicher Beteiligter oder Beobachter) festgelegt. Diese werden verteilt an Menschen, die diese Rollen an verschiedenen Tischen "spielen". Wesentlich für den Erfolg des World Cafe ist, dass die Akteure sich in ihre Rollen so weit möglich hineinfühlen. Kleine Gruppen gehen herum, hören sich die Geschichten an und stellen Fragen an die "Schauspieler". Die Ergebnisse werden auf einer Tapete oder Flipchart gesammelt. Danach wechseln die Gruppen an einen neuen Ort zur nächsten Rolle/Geschichte. So hinterlässt jede Gruppe auf der "Rollentapete" ihre Eindrücke, Fragen und Informationen. Im Plenum werden die Ergebnisse vorgestellt. Dadurch, dass Rollen gespielt werden, erhalten die TeilnehmerInnen nicht nur Informationen, sondern werden auch mit den Emotionen der Beteiligten konfrontiert. Es kommt dabei zu Wechselwirkungen zwischen den SchauspielerInnen und ihrem Publikum, durch die sich neue Dimensionen der Erfahrung öffnen. Nach einen World Café gehen die Beteiligten häufig tief beeindruckt und mit neuen Blickwinkeln zurück in ihren Alltag.

Open Space Technology

Auch hier steht ein Leit-Thema im Vordergrund. Bei dieser Methodik sollen die TeilnehmerInnen ihre Leidenschaften und Interessen kurz darstellen und Verantwortung für ihr Anliegen/Thema übernehmen. Der Prozess ist völlig offen und die Methodik im Grunde einfach. Die ModeratorIn übernimmt lediglich die Einführung in die Methode und motiviert die anderen, sich aus der Deckung zu wagen und Verantwortung für ein Thema zu übernehmen; idealerweise "brennen" die TeilnehmerInnen für ihr Anliegen.

Die Themen werden gesammelt und Themenverantwortliche und InteressentInnen gehen gemeinsam in ihre Workshops. Stellt jemand fest, beim falschen Thema oder Workshop gelandet zu sein, darf die Person auch während der Veranstaltung zu einem anderen Workshop weiterziehen. Am Schluss wird alles gesammelt, und die Ergebnisse werden im Plenum vorgestellt. Es ist also mit viel Bewegung zu rechnen, sowohl räumlich als auch innerlich!

Dynamic Facilitation

DF wurde als Alternative zur klassischen Moderationsmethode entwickelt und soll die Lücken und blinden Flecken der Moderation schließen. Der Facilitator, nicht Moderator, spürt heraus[36], bei welcher Person im Plenum die meiste Energie ist, und wendet sich dieser zu. Nun soll diese Person sich alles vom Herzen reden, was sie für relevant hält. Das muss nicht immer das angekündigte Thema beschränkt sein. Sie darf so lange reden, bis sie "leer" ist. Der Facilitator sammelt alle Beiträge und notiert sie in vier Kategorien

1.   Herausforderungen/Fragen
2.   Lösungen, Ideale
3.   Bedenken
4.   Informationen

Dann geht der Facilitator weiter zur nächsten Person und fährt in der gleichen Weise fort. Am Ende dieses manchmal recht langen Prozesses kann man davon ausgehen, wirklich alles notiert und kategorisiert zu haben, was vorher "nur in den Köpfen" war. Es entsteht also ein umfassendes Bild der angetroffenen Situation mit zahlreichen Lösungsansätzen. Dadurch, dass jede Person so lange reden darf, bis sie "leer" ist, hat am Ende des Prozesses jede/r das Empfinden, gehört worden zu sein.

---

[36] Siehe Kapitel „Feldwahrnehmung"

Dieses ungewöhnliche Vorgehen scheint zur Folge zu haben, dass es, je nachdem, wie die Gedanken kommen, kreuz und quer durcheinander zu gehen scheint. Durch die Einordnung der Beiträge in die beschriebenen vier Kategorien entsteht jedoch auf kreative Weise eine Vielzahl von Lösungsansätzen, die strukturiert aufgezeichnet werden.

Grundprinzipien der CoPs: Community Building

Wie baut man Community? Die Beantwortung dieser Frage ist essentiell für die Community of Practice. Nicht jede CoP ist sich dessen bewusst. Manchmal nehmen es die Mitglieder eher beiläufig und erstaunt zur Kenntnis, wenn sich über reine Sach- oder inhaltliche Fragen hinaus gute Beziehungen zwischen den Mitgliedern ergeben und das Gefüge insgesamt auch gemeinschaftliche Aspekte beinhaltet. Verbundenheit zwischen den Mitgliedern bewusst zu planen, eröffnet neue Chancen.

Die Art und der Grad der Verbundenheit hängen dabei, neben gutem Willen, vom „Reifegrad" der Community ab. Reifegrad ist nicht so wertend gemeint, wie es sich anhört, aber er ist entscheidend für die Art von Community, die sich bilden kann, und für die Wahl geeigneter Führungsmethoden. Reicht z.B. eine einfache Leitung, die sich vor allem auf Organisatorisches beschränkt, oder sollte nach modernem Verständnis *geführt* werden, im Sinne von Leadership? Wir können vier Reifegrade unterscheiden:

- abhängig
- unabhängig
- interdependent („unabhängige Abhängigkeit")
- integral

Jeder dieser Reifegrade oder Zustände ist erst einmal OK. Entscheidend ist, ob die Verbindung zwischen Umwelt/CoP/Leitung (Führung) stimmig ist. Eher postmodern geprägte Communities entwickeln ein anderes Verhältnis zu Autorität als streng hierarchische und auf Regelkonformität bedachte Gruppen, um nur ein Beispiel zu nennen. Es kann allerdings auch sinnvoll sein, die Community – und damit deren Reifegrad - zu entwickeln. Auch sind nicht immer alle Mitglieder auf dem gleichen Stand. Eine mögliche Entwicklung hätte das Ziel, Einzelne oder alle Mitglieder mehr in Entscheidungen einzubinden bzw. diese mehr selbst entscheiden zu lassen und eine höhere Autonomie des oder der Einzelnen anzustreben.

Dies hat im Idealfall zur Folge, dass die Qualität der Beziehungen untereinander genauso wie die gegenseitige Wertschätzung steigt. [37]

Die realistische Einschätzung des Reifegrads ist wichtig, weil sich daraus ableiten lässt,

---

[37] Autonomie: Autonom denken, fühlen und handeln zu können ist nach Ansicht der Transaktionsanalyse (TA)   das Ziel jedes menschlichen Wachstums und damit auch jeder TA-geprägten professionellen Begleitung. Mit Autonomie ist nicht übermäßige Selbstbezogenheit gemeint, sondern eine selbstbestimmte Verbundenheit zu sich selbst und zur Welt. In der TA wird Autonomie mit vier Begriffen umschrieben: Spielfreiheit (eine offene und aufrichtige Kommunikation), Spontaneität (Fähigkeit zu lebendigem und unmittelbarem Selbstausdruck), Bewusstheit (vorbehaltlose sinnliche Wachheit), Bindungsfähigkeit (Kontakt ohne Verstrickung). Gelegentlich wird Autonomie auch mit Skriptfreiheit gleichgesetzt.
Quelle: https://www.dgta.de/transaktionsanalyse/ta-kompakt/autonomie/

- wie geführt wird
- wie viel Leitung nötig ist
- wie hoch der Organisationsgrad sein muss
- wie wohl sich Mitglieder innerhalb der Gruppe fühlen
- wie die Verbindungsqualität ist
- wie hoch die Integrations- und Inklusionsfähigkeit der Community ist
- wie effektiv gearbeitet werden kann
- Wie stark Empathie und Vertrautheit untereinander ausgeprägt sind
- wie stark (oder schwach) die Unterstützung des Einzelnen durch die Community ist

Daraus ergeben sich entsprechend mögliche Arbeitsfelder der Community, insbesondere aber für deren Leitung/Führung. Die Reifegrade im Einzelnen.

<u>Abhängigkeit</u>

Die Mitglieder der Community wollen selbst keine Entscheidungen treffen und geführt werden.

- Autonomie: niedrig
- Verbindungsqualität: gering.
- Gegenseitige vertikale Wertschätzung: niedrig
- Entscheidungsfindung: ausschließlich bei der Leitung.

Diese wird als Autorität wahrgenommen, manchmal auch als autoritär.

Unabhängigkeit

Die Mitglieder der Community verstehen sich als Individuen, die sich möglichst autark innerhalb (und außerhalb) der Gruppe sehen. Es besteht ein Bewusstsein vor allem für die Kompetenz des einzelnen Mitglieds, das wertgeschätzt wird.

Wechselseitige Abhängigkeit ("Interdependenz")

Die Mitglieder der Community legen Wert darauf, als autonome Individuen bewusst Verbindungen innerhalb und mit der Community insgesamt einzugehen.

- Autonomie hoch
- Verbindungsqualität hoch
- Gegenseitige Wertschätzung hoch.
- Entscheidungsfindung ist in der Regel demokratisch. Leitung wird funktional verstanden und wahrgenommen.

Integral

Die Mitglieder der Community sind miteinander auf vielfältigen Ebenen flexibel verbunden. Es herrscht eine hohe Empathie mit großem Respekt vor- und miteinander. Gegenseitige Wertschätzung ist Teil einer gelebten Kultur und muss nicht mehr thematisiert werden. Durch die hohe Verbundenheit können Entscheidungen dort getroffen werden, wo sie notwendig und hilfreich sind – und wo die höchste Kompetenz liegt. Die Unterschiedlichkeit der Mitglieder wird bewusst wahrgenommen, benannt und wertgeschätzt. Die Befugnisse *fließen* gewissermaßen an die richtige Stelle und müssen nicht mehr diskutiert werden. Da die Autonomie innerhalb der Verbundenheit aller groß ist, kann sich jede/r im Rahmen maximaler Freiheit entfalten. Diesen Zustand an sich empfindet die Community als sehr wertvoll und ist daher bestrebt, permanent daran zu arbeiten und die Community weiter zu entwickeln. Dazu arbeitet die Community mit der Bewusstmachung ihrer Werte, Wahrnehmungen und Bezugsrahmen.

Tatsächlich strebt gar nicht jedes Team den höchstmöglichen Level in jeder möglichen Situation an. Warum? Je höher der Reifegrad eines Teams, desto mehr Arbeit an sich selbst ist nötig. Das kann und will nicht jede/r. Viele Teams sind sich aus der Praxis heraus auch der Tatsache bewusst, dass der Reifegrad eines Teams mit den angetroffenen Umständen zusammenhängt. In Notsituationen oder da, wo der zeitliche Druck sehr groß ist, kann z.B. ein Entscheidungsprozess sehr autoritär sein (wie bei dem Grad der „Abhängigkeit" beschrieben), obwohl die Teammitglieder sonst eher interdependente Strukturen bevorzugen.

Fazit

Welchen Reifegrad die Gruppe hat, kann und soll kontrovers diskutiert werden, ebenso, welche individuellen Bedürfnisse die Mitglieder haben bzw. inwieweit diese innerhalb der CoP erfüllt werden.

Der Trainer: „Manchmal bin ich überrascht, wie Gruppen selbst ihren Reifegrad sehen. Häufig schätzen sie ihn wesentlich höher ein als ihre Leitung oder Außenstehende. Wie kommt es zu dieser Abweichung? Möglicherweise werden oft Wunsch und Wirklichkeit verwechselt. Die Wahrnehmung ist dann geprägt von einem tiefergehenden Bedürfnis. In meiner Rolle als Trainer lasse sie in dieser Einschätzung stehen und argumentiere nicht dagegen. Oft reicht der Wunsch aus, um das Bedürfnis mehr und mehr Realität werden zu lassen. Ich bestärke sie sogar noch, indem ich die TeilnehmerInnen bitte, ihre Einschätzung konkret werden zu lassen und so eine Vision für sich und ihre Gruppe zu entwerfen."

Wie leiten? CoP Leadership

Teams werden in Unternehmen häufig nach Stellenbeschreibungen oder nach den in der Organisation vorhandenen Hierarchien und Strukturen geleitet. Dabei gibt es folgende Möglichkeiten:

- Es leitet die Person, die die Vorgesetzten dazu bestimmt haben
- Es leiten die Vorgesetzten selbst
- Es leitet die Person mit der höchsten Kompetenz
- Es leitet die Person, die das Team initiiert hat
- Es leitet die Person, die übrig bleibt, wenn keine andere möchte
- Es leitet die Person, die am schnellsten „Ja" gesagt hat
- Es leitet die Person, die zu spät „Nein" gesagt hat
- Es leitet die Person, die das Team gewählt hat
- Es leitet niemand
- …

Wie kommt es dazu? Gerade innerhalb von bestehenden Organisationen hängen Art und Bestimmung von Leitung von der Tradition, den offenen oder versteckten Machtverhältnissen, dem Teamzweck und vielen weiteren Faktoren ab. Häufig richten sich die Teamstrukturen nach den vorhandenen Strukturen, bilden diese ab, passen sich an oder werden ganz einfach vorgegeben.

Leadership

Im deutschen Sprachraum wird unterschieden zwischen dem eher formalen *Leiten* und dem weiter gefassten *Führen*. Leiten ist eher gegenwärtig orientiert und befasst sich mit praktisch/organisatorischen Fragen. Dazu sind vor allem entsprechende Fähigkeiten gefragt, um die Dinge „am Laufen" zu halten, während der Begriff des Führens eher in Richtung visionäres Voranschreiten geht. Da *Führer* in Deutschland aus naheliegenden Gründen eine schwierige Vokabel ist, bezeichnen wir die Rolle, die über das rein organisatorische Leiten hinaus geht, als *Leader*. Die/der Leader ist also die Person, die der Community dient, indem sie für das organisatorische Grund-Funktionieren sorgt (ohne dies selbst durchführen zu müssen), vor allem aber die Richtung im Auge behält, in die sich die Community entwickelt und die Community darin unterstützt, eben diese Richtung mit zu entwickeln.[38]

Soll Leadership eher demokratisch, autoritativ oder sogar autoritär sein?[39] Das hängt von den Bedürfnissen der Gruppe und ihren

---

[38] Das muss nicht zwangsläufig die Person mit der größten Leidenschaft für das Thema sein. Ich selbst habe etliche CoPs mit großer Leidenschaft gegründet, war aber eher selten auch gleichzeitig der Leader.

[39] Zu den verwendeten Begrifflichkeiten wäre sicher viel zu sagen. Auf das Thema bezogen verwenden wir autoritär im Sinne von diktatorisch, Gehorsam einfordernd und mit „falscher" (.z.B. aufgrund der Stellung) Macht ausgestattet. Autoritativ wäre im Gegensatz dazu mit „echter" Autorität ausgestattet (z.B. in Folge von anerkannter individueller Kompetenz oder großem Ansehen innerhalb der Organisation Im Gegensatz zu autoritären Menschen müssen autoritative nicht auf Macht oder Einfluss bestehen - sie haben sie einfach.

Mitgliedern ab. Die CoP kann alternativ zu den o.g. Varianten auch den Weg gehen, die Art der Leitung permanent den Gegebenheiten anzupassen. Da es aber oft einen oder mehrere Initiatoren gibt, leiten diese Personen meistens auch die CoP. Vor allem dann, wenn das Gravitätszentrum der Leidenschaft bei dieser oder diesen Personen liegt. Nehmen wir Reifegrade als Kriterium, so sollte „autoritär" mit zunehmendem Reifegrad generell abnehmen. Es können aber auch Situationen entstehen, die ein zumindest zeitweise autoritatives Vorgehen erforderlich machen können, z.B. bei Konflikten oder wenn der zeitliche Druck besonders hoch ist.

In einer CoP sollte die Person führen, bei der die größte Kompetenz liegt, die am meisten Leidenschaft zeigt und/oder bei der die Fähigkeit, Menschen miteinander zu verbinden, besonders ausgeprägt ist.

Da diese Fähigkeiten in ein- und derselben Person selten anzutreffen sind, macht es Sinn, sich Leitung (oder Leadership) zu tellen. Organisatorisch kann ein „Sprecher-Team" an die Stelle des oder der Leitenden treten. Eine Sprecherin kann für Organisatorisches und eine für das Community-Building verantwortlich sein. Da bisher nur die Leadership-Rollen aufgezählt worden sind, soll nachfolgend noch ein „Handwerkszeug Leadership" beschrieben werden.

Situatives Führen in der CoP „höflich und autoritativ"

Organisationsgrad und Leitungsstil haben großen Einfluss auf die CoP. Situativ führen[40] bedeutet, sich auf Person und Situation einzustellen und den Führungsstil anpassen zu können. Ein „Zuviel" an Führung kann demotivierend wirken, ein „Zuwenig" Kraft und Zeit kosten. Dabei können die Faktoren „Motivation" und „Kompetenz" eine mögliche Richtschnur sein. Autoritatives Verhalten ist für die Beteiligten leichter zu akzeptieren, wenn es in höfliche Verhaltensweisen eingebunden ist. Im Idealfall hat eine (oder mehrere) Personen Autorität, ohne autoritär zu sein (autoritativ). Je höher der oben beschriebene Reifegrad einer CoP ist, desto weniger autoritär wird Leitung sein müssen und desto höher sind die Anforderungen an die zwischenmenschlichen Kompetenzen der Leader. Auch Motivation hängt mit dem angetroffenen Reifegrad zusammen. Motivation bedeutet allgemein: inwieweit sind eine oder mehrere Personen *willens*, aus eigenem Antrieb zu handeln? Ist die Motivation niedrig, kann es nötig sein, die Personen dahingehend zu beeinflussen, die Tätigkeit trotzdem durchzuführen, oder besser: dafür zu sorgen, dass sie es aus eigenem Antrieb tun. Die direktesten Arten der Beeinflussung sind Zwang und Manipulation. Sinnhaftigkeit spielt im Zusammenhang mit Motivation eine große Rolle. Dazu gibt es natürlich eine Vielzahl an subtilen Beeinflussungsformen, die nicht

[40] Das Konzept des situativen Führens stammt von Hersey und Blanchard, z.B. P. Hersey, K. Blanchard: *Management of Organizational Behavior*. 4. Auflage. Prentice-Hall, New Jersey 1982

Gegenstand dieses Buches sind.

Da der Antrieb der/des Einzelnen in der CoP im Gegensatz dazu vor allem aus der Leidenschaft für ein Thema resultiert, sollte ein erhebliches Maß an intrinsischer Motivation ("aus sich selbst heraus") vorausgesetzt werden können. Wenn die Motivation trotzdem niedrig ist, ist es wichtig, herauszufinden, warum das der Fall ist. Warum fehlt intrinsische Motivation trotz Interesses für das Thema? Möglicherweise hängt das auch mit der Leitung der CoP zusammen ...

Kompetenz ist, allgemein formuliert, die Fähigkeit einer Person, eine Aufgabe durchführen zu **können**. Motivation ist eher mit „Wille" zu beschreiben. Motivation und Kompetenz ist also nicht dasselbe. Auf Führung bezogen, kann sich die damit befasste Person („Leader") also fragen

- Wie hoch ist die Motivation des/ der Geführten?
- Wie hoch ist die Kompetenz des/der Geführten?

Der Führungsstil kann sich nach der Beantwortung dieser Fragen richten (Konzept des situativen Führens). Folgende Muster sind erkennbar:

So ergibt sich:

Motivation	Maß an Kompetenz	Bevorzugter Führungsstil
Motivation niedrig	Kompetenz niedrig	Direktiv
Motivation niedrig	Kompetenz hoch	Interaktiv
Motivation hoch	Kompetenz niedrig	Kontrollierend
Motivation hoch	Kompetenz hoch	Unterstützend

Beschreibung der sich ergebenden Führungsstile:

Direktiv:

Kurze, einfache Anweisungen direkt kommuniziert, aufgabenorientiert

Interaktiv:

Empathische Kommunikation und Unterstützung, auch informell, beziehungsorientiert

Kontrollierend:

Strukturierte Anweisungen, standardisiertes Vorgehen, direkte Kommunikation, aufgabenorientiert

Unterstützend:

Fragen, ob und in wie weit Unterstützung gewünscht wird, „lange Leine", beziehungsorientiert

Zum situativen Führen ließe sich noch viel mehr sagen und schreiben. Zu dem hier nur angerissenem Thema gibt es reichlich weiterführende Literatur, die die konkrete Umsetzung beschreibt.[41]

---

[41] Neben Hersey und Blanchard vor allem L. v. Rosenstiel in *Grundlagen der Führung*.

CoP Leadership

Über das Konzept des situativen Führens hinaus sollte sich der oder die Leiter/in hinterfragen, ob praktizierter Leitungsstil und Ausführung eher förderlich oder eher hinderlich in Hinblick auf

- Leidenschaft leben
- Wachstum Einzelner oder der Gruppe insgesamt
- Lernprozesse
- Sich verbinden

sind. Idealerweise werden die Mitglieder regelmäßig dazu befragt. Das Ergebnis solcher Erhebungen ermöglicht notwendige und sinnvolle Korrekturen. Aus der Erfahrung heraus ist die Fähigkeit zu Kreativität und Emergenz in CoPs dann am größten, wenn Führung/Leitung möglichst unauffällig geschieht. Das kann auch schon mal so aussehen, dass die Teilnehmer gar nicht mitbekommen, bei wem die Leitung liegt – aber alles gut läuft. Z.B. dann, wenn Führung / Leitung sich auf notwendige organisatorische Dinge beschränkt und strategische Aspekte auf breiter Basis erarbeiten lässt. Noch einmal möchte ich auf das Spanungsfeld hinweisen:

Autoritativ - Höflich

welches eine gute Linie vorgibt, wie Leadership funktionieren kann. Aber, wie bei allen theoretischen Konzepten, muss die / der

AnwenderIn üben und für sich entscheiden, in wie weit die hier beschriebenen Prinzipien für sie zielführend sind oder nicht. Fragen, die sich eine Leiterin/ein Leiter einer CoP regelmäßig selbst stellen sollte:

Bin ich die Leitung, die die Community braucht?

Bin ich in der Lage, jederzeit wertschätzend mit jedem Mitglied der CoP umzugehen?

Passt der von mir grundsätzlich bevorzugte Leitungsstil zu den momentanen Erfordernissen?

Bin ich an den Orten präsent, wo (meine) Leitung gebraucht wird?

Was muss/kann/darf ich noch lernen, um noch besser zu dienen / zu leiten?

Wer wäre besser als ich geeignet, „Leader" zu sein?

Gerade diese letzte Frage bewahrt vor zu viel Selbstgerechtigkeit und Narzissmus. Angebracht sind diese Fragen vor allem dann, wenn

- es nicht gut läuft
- es sehr gut läuft

Also dann, wenn man üblicherweise am wenigsten geneigt ist, sich selbst in Frage zu stellen. Die Fähigkeit, sich einem solchen Prozess zu stellen, ist selbst eine Führungskompetenz und hat viel mit dem Welt- und Selbstbild (Bezugsrahmen) des Leaders zu tun.

Innen und außen: der Bezugsrahmen der CoP

Über die Art und Weise hinaus, wie Leadership stattfindet, ist das Bewusstsein und die Handhabung der Wechselwirkung zwischen der CoP und den von ihr angetroffenen Lebensumständen entscheidend für den Erfolg der Community.

Bezugsrahmen

Der Begriff *Bezugsrahmen* stammt aus der Transaktionsanalyse und beschreibt, wie Menschen ihre Umgebung unterschiedlich wahrnehmen und reflektieren. Jeder Mensch nimmt nur einen kleinen Ausschnitt aus der Realität wahr und interpretiert diesen als „Alles, was ist". Entsprechend gibt es aber auch ein „Alles, was nicht ist", d.h. Realitäten außerhalb der eigenen Wahrnehmung werden nicht wahrgenommen. Der Bezugsrahmen ist die grundsätzlich sinnvolle Art und Weise eines Menschen, mit der Tatsache umzugehen, dass ein unbeschränkter oder ungefilterter Zugang zu unserer kompletten Wahrnehmung eine permanente Überforderung bedeuten würde. Wir sind einfach nicht in der Lage, alle auf uns eindringenden Informationen zu verarbeiten.

Der Bezugsrahmen schafft eine Art „Vorfilter", mit der dieser Überforderung Rechnung getragen wird. Problematisch wird es dann, wenn diese vorgefilterten Informationen absolut gesetzt werden und verstärkend noch kognitive Dissonanz dazukommt. Diese Dissonanz (oder genauer gesagt die mentale Beseitigung dieser Dissonanz) sorgt dafür, dass ein Mensch aus widersprüchlichen oder ungünstig erscheinenden Informationen diejenigen besonders wahrnimmt, die ihr oder ihm günstig erscheinen - und andere Informationen entsprechend ausblendet.

„Als Trainer führe ich in Seminargruppen folgendes Experiment durch: ich bitte die TeilnehmerInnen, sich paarweise zusammen zu finden. Dann soll eine TeilnehmerIn mit Zeigefinger und Daumen beider Hände ein kleines Rechteck formen und ein Ziel, also einen Gegenstand oder eine Person in der Ferne betrachten. Dann soll dieses Rechteck so an die PartnerIn weitergeführt werden, dass diese den gleichen Gegenstand sieht. Beide stellen fest, dass das schwierig, oft sogar unmöglich ist. Diese kleine Übung macht nicht nur Spaß, sondern soll zum Thema Bezugsrahmen hinführen und deutlich machen, dass Bezugsrahmen individuell sind. Ich kann nicht voraussetzen, dass meine PartnerIn auf Anhieb meine Wahrnehmung vollständig teilen kann". Das bewusste Anerkennen der Unterschiedlichkeit von Bezugsrahmen ist von erheblichem praktischem Nutzen, weil so häufig erst die Gesamtsicht auf ein Thema möglich wird.

Beispiel: Bezugsrahmen der CoP Umweltschutz / Nachbarschaft

Der Bezugsrahmen des oben genannten Beispiels „CoP Nachbarschaft" steht in der Gefahr, sich darauf zu beschränken, die umgebende Welt als Bedrohung durch rücksichtslose und machtgierige Großkonzerne zu sehen, die vor allem anstreben, die schöne Natur aufgrund von egoistischen Kapitalinteressen zu zerstören. Das ist auch nicht ganz falsch – aber eben nur *ein Teil* der Realität. Naturgemäß wird dabei die Bedeutung der eigenen Sicht über- und die Komplexität der Situation unterschätzt. Das wird weder der Sache insgesamt noch der Community selbst gerecht. Interessanterweise können Gruppen eine ganz ähnliche Beschränkung ihrer Wahrnehmung besitzen wie Einzelpersonen. Es kann sogar dazu kommen, dass eine Einzelperson ihren eigenen Bezugsrahmen mit dem der Gruppe überschreibt („Kollektivzwang"). Realität ist dann das, was die Gruppe als solche definiert.[42] Die totalitären Ideologien des 20. Jahrhunderts haben sehr effektiv mit dieser Realitätsüberschreibung arbeiten können.

---

[42] Nicht zufällig fühlt man sich an George Orwells Buch „1984" erinnert, in dem der totalitäre Staat sogar eigens ein Ministerium dafür geschaffen hat, Sprache, Geschichte und Realität so zu manipulieren, dass sie in den vorgegebenen ideologischen Rahmen der einzigen Partei passen.

Wahrnehmung und Einschätzung der Umwelt, also der Umgang mit dem /den Bezugsrahmen, ist essentiell für das Bestehen und den Erfolg einer Community of Practice. Ein Konzept zum praktischen Umgang mit Bezugsrahmen ist das nachfolgend beschriebene *Stakeholder-Konzept*.

Das Stakeholder-Konzept

Um mit der Beschränkung der eigenen Wahrnehmung sowohl auf individueller als auch auf Kollektivebene umgehen zu können, empfiehlt sich, alle Beteiligten als „Stakeholder " anzusehen. Dabei wird die Thematik aus möglichst allen unterschiedlichen Perspektiven wahrgenommen und beschrieben. Stakeholder sind alle beteiligten Personen, Gruppen oder Organisationen, die ein Interesse an dem Thema haben. Das funktioniert dann am besten, wenn der Dialog mit den Beteiligten aktiv gesucht und dabei versucht wird, alle Interessen zu verstehen und erst einmal gleichberechtigt nebeneinander stehen zu lassen. Gleichberechtigung in diesem Fall bedeutet, dass jede/r StakeholderIn die gleiche Möglichkeit erhalten soll, ihren/seinen Bezugsrahmen zu schildern und für die damit verbundenen Interessen einzutreten.

In dem genannten Beispiel „Nachbarn gegen Windrad" sind die Stakeholder z.B.:

- Grundstückseigentümer
- Kommunalverwaltung
- Energieunternehmen
- Kommunalpolitiker
- Umweltverbände
- Anwohner
- Spaziergänger
- Tiere (bzw. deren Vertreter in Form von Verbänden)
- Landschaftsverband
- Tierbesitzer
- ...

Eine ganze Menge also! Diese Liste kann schon mal sehr lang werden. Eine CoP kann davor zurückschrecken, die unterschiedlichen Beteiligten an einen Tisch zu holen oder überhaupt mit ihnen zu kommunizieren, da das erst einmal viel Arbeit bedeutet und der Ausgang ungewiss ist. Es lohnt aber in jedem Fall, sich auf diesen Prozess einzulassen, denn die Community, wie auch die Stakeholder werden diesen Austausch als vielleicht anstrengend, in jeden Fall aber als lohnend empfinden. Die Anliegen der Community of Practice im Sinne von Lernen, Wachsen und Transformieren werden adressiert, und wenn es gelingt, sich mit den Stakeholdern zu verbinden, können von Wertschätzung geprägte Beziehungen entstehen, die auch als gemeinsame positive Erfahrung für die Zeit nach dem eigentlichen Projekt noch Bestand haben (Nachhaltigkeit).

Zu Anfang gilt es allerdings, diejenigen in der CoP zu überzeugen, die stark positions- und nicht interessenorientiert handeln. Denn für diese wird es erst einmal wie eine Schwächung der CoP und ihrer Anliegen wirken, da man den Stakeholdern auf Augenhöhe begegnet. Das ist schwer zu ertragen, wenn man bisher von der eigenen Position als der einzig richtigen überzeugt ist.

Die Komplexität der Situation erfordert passende Methoden, um angemessen mit ihr umzugehen und sich nicht in ihr zu verlieren[43].Bei m Einsatz dieser Methoden erfahren die Beteiligten in der Regel eine deutliche Erweiterung ihres Bezugsrahmens und erfassen damit die Gesamtsituation besser.

---

[43] Beispiele für diese Methoden, die weltweit bereits erfolgreich eingesetzt werden, sind World Cafe, Open Space und Dynamic Facilitation.

Bezugsrahmen für Fortgeschrittene: Systeme und Stufen

Um der zunehmenden Komplexität in einem weiteren Schritt gerechter zu werden, macht es Sinn, sich vor Augen zu führen, in welchen Systemen sich die CoP bewegt. Individuen und Gruppen von Menschen unterscheiden sich z.B. in der Art und Weise, welche Denkmuster und -strukturen sie vorrangig verwenden, um ihrem Alltag (also den angetroffenen Lebensumständen) zu begegnen. Stark vereinfacht können solche Unterschiede anhand stufenartiger Kategorisierungen beschrieben werden, die sogar Einzug in den allgemeinen Sprachgebrauch gehalten haben. Ein Beispiel:

- Prämodern/traditionell bewahrend
- Modern/ wissenschaftlich und erfolgsorientiert
- Postmodern/ ökologisch und pluralistisch
- Integral / verbindend und flexibel

Mit den einzelnen Levels sind nicht nur ein eigenes Verständnis und Umgang mit Komplexität verbunden, sondern auch

- Ausprägungen von Individualität und Autonomie
- Individuelle Bedürfnisse
- Potentiale
- Begrenzungen, Komplexität zu verstehen
- Gruppenbedürfnisse
- Fähigkeiten, sich zu verbinden

Systemverständnis und Bezugsrahmen

Für die CoPs spielen alle diese Faktoren eine Rolle, besonders aber der letzte, denn die Fähigkeit zur bewussten und gestaltenden Verbindung ist das kennzeichnende Element einer CoP. Dadurch unterscheidet sie sich wesentlich vom Team und anderen Formen von Arbeitsgruppen. Sie kann unterschiedlichen Bedürfnissen nach Verbindung untereinander dann am besten gerecht werden, wenn sie sich dieser Unterschiede bewusst ist. Auch in postmodernen Zeiten haben Menschen und Gruppen Bedürfnisse nach prämoderner/ traditioneller Zugehörigkeit. Dementsprechend ausgerichtet sind die Bezugsrahmen. Sehe ich meine Bedürfnisse in Gefahr, verengt sich mein Bezugsrahmen und das Unbehagen wächst. Grob beschreiben lassen sich diese Level wie folgt:

Prämodern/traditionell bewahrend

Der Stamm, Clan, Orden oder die Familie. Die Zugehörigkeit erfordert das Anerkennen einer höheren, sinngebenden Ordnung. Das Kollektiv ist immer wichtiger als das Individuum. Verhaltensweisen, die dieser Ansicht widersprechen, werden sanktioniert. Im Gegenzug bietet der Clan feste Strukturen und Geborgenheit. Der Bezugsrahmen ist lokal eng gefasst; was außerhalb der bekannten Umgebung oder der eigenen Leute stattfindet, wirkt entweder bedrohlich oder spielt gar keine wesentliche Rolle und wird ignoriert.

Modern/ wissenschaftlich und erfolgsorientiert

Das leistungsorientierte Team: die Gruppe vereint das Streben nach gemeinsamen Zielen. Dazu bringt jedes Mitglied das ein, was sie/ihn als ExpertIn auszeichnet. Struktur ist immer noch wichtig, allerdings nicht mehr, um einer höheren Ordnung zu gefallen, sondern weil dadurch Ziele besser erreicht werden. Individualität ist wichtig, exponierte Selbstdarstellung muss allerdings durch Leistung gerechtfertigt sein. Der Bezugsrahmen ist nicht mehr lokal oder ausschließlich auf die Gruppe bezogen, sondern richtet sich am Ziel aus. So kann er einerseits weit in die Ferne reichen, aber trotzdem inhaltlich stark beschränkt sein.

Postmodern/ ökologisch und pluralistisch

Oft eine „grüne Kuschelgruppe". Sie dient dazu, Pluralität und Inklusion zu üben und zu praktizieren. Gern auch im Einsatz für Frieden, Ökologie und soziale Gerechtigkeit. Als Synthese der beiden vorhergegangenen Gruppen soll Individualität gelebt („der Mensch befreit"), aber gleichzeitig die Wärme des Kollektivs erfahren werden. Zur strikten Vermeidung von Autorität darf es keine dauerhafte Führung mehr geben und alles wird ausdiskutiert. Die Befreiung von Zwängen schafft durch verordnete Freiheit neue Notwendigkeiten. Der Bezugsrahmen ist wieder wie bei „prämodern/traditionell" auf die Gruppe bezogen, jedoch nicht mehr auf diese beschränkt. Die

Community hat hier erstmalig die Fähigkeit, diesen Bezug bewusst wahrzunehmen und mit ihm zu arbeiten – alles jedoch innerhalb dessen, was die Gruppe akzeptiert.

Integral / verbindend und flexibel

Die integrale Community: Ordnung und Verbindlichkeit auf einer neuen Ebene. Die Mitglieder lernen, sich ausschließende Widersprüche als konstruktive und kreative Spannungsfelder zu sehen. Hochindividuelle Meinungen gehen dort mit großer Einigkeit im Kollektiv einher, wo es notwendig und sinnvoll ist. Führung dient nicht mehr der Bevorzugung Einzelner, sondern ist willkommen, wo sie gebraucht wird und wo die höchste Kompetenz liegt. Ziele sind dann für alle verbindlich und erstrebenswert, wenn sie nicht auf Kosten der Allgemeinheit erreicht werden. Institutionelle Formen werden da vermieden, wo sie zu sehr binden, ohne wirklich produktiv zu sein. Sie werden aber auch nicht pauschal abgelehnt. Der Bezugsrahmen ist universell und wird immer wieder hinterfragt, da man sich der Beschränkungen aller vorhergehenden Levels bewusst ist.

Wenn man in einem prämodern/traditionellen oder modernem Umfeld steckt, können sich postmodern oder integral sehr verlockend anhören. Mit jedem weiteren Level steigern sich allerdings auch die Anforderungen an *alle* Beteiligten, und so kann es zu

Überforderungen kommen, wenn man zu schnell „weiterspringt". Das Hinterfragen und vor allem das Erweitern des eigenen Bezugsrahmens schafft erst einmal ein Gefühl des Unbehagens, das sich ganz ähnlich wie das Unbehagen bei Veränderungen anfühlt.

Der wesentliche Unterschied der einzelnen Levels ist ihre Fähigkeit, mit Komplexität umzugehen. Dabei kommt es nicht darauf an, möglichst weit fortgeschritten zu sein, sondern sich selbst, die Community und die angetroffene Umwelt richtig einzuschätzen und eine möglichst hohe Passgenauigkeit zu erreichen. Weiterhin ist die Fähigkeit, sich zu verbinden, mit zunehmenden Leveln ausgeprägter und selbstverständlicher, die „Kreise werden größer".[44]

Für eine CoP kann es wichtig sein, einen wesentlichen Teil ihrer Arbeit in das Verständnis der eigenen Verortung, z.B. anhand der oben genannten Levels und der angetroffenen Umwelt, zu investieren.[45] Eine Vielzahl der Spannungen in der Welt resultiert aus diesen Unterschieden. Kleine und große Konflikte in Unternehmen z.B. lassen sich eher auf Unterschiede in den Denkweisen zurückführen, als auf die häufig vorgeschobenen Differenzen inhaltlicher Art.

---

[45] Auch dieses Thema kann hier nur angedeutet werden. Bei Interesse empfehle ich die Arbeiten von Don E. Beck zu „Spiral Dynamics integral (c)" oder die integrale Philosophie Ken Wilbers. Viel Arbeit – aber sie lohnt sich meiner Erfahrung nach! Literaturhinweise dazu im Anhang.

Eine Frage der Einstellung: Positionen und Interessen

Ein weiterer wichtiger Aspekt bezüglich der Kommunikation in größeren Gruppen ist das Erkennen dessen, was *genau* Menschen vertreten. Politiker vertreten üblicherweise Positionen, weil sie plakativ, provozierend und meistens von schlichter Einfachheit und daher leicht vermittelbar sind Eine Position einzunehmen bedeutet, deutlich, kurz und provokativ darzustellen, wofür die Person oder die Gruppe steht oder eintritt. Eine Position ist ausformuliert das, was ich letztlich erreichen will.

Position: Ich/Wir sind für/gegen ...!

Im Gegensatz dazu sind Interessen das, was zu Positionen hinführt, also Gründe, Entwicklungen, Wünsche und Ziele. Diese brauchen Zeit und Gelegenheit, um ausformuliert und vermittelt zu werden. Verständnis und daraus abgeleitet Berücksichtigung von Interessen benötigt Bereitschaft zum *gegenseitigen* Verständnis. Eine Community of Practice sollte immer Interessen den Vorzug vor Positionen geben. Da Interessen üblicherweise als Ich/Wir-Botschaften formuliert werden, sind sie für das Gegenüber nicht provozierend oder angreifend. Auch ist mit der Formulierung der eigenen Bedürfnisse ein Erfragen der Interessen des Gegenübers gut kombinierbar und eine Chance, nicht aggressive Verhandlungen zu führen[46]. Beispiele anhand der im Kapitel „Communities – 7 Beispiele"

---

[46] Vgl. das Harvard-Konzept

beschriebenen Fälle, die den Gegensatz verdeutlichen:

Die Aktivisten:

Position: wir sind gegen Windkraftwerke!

Interessen: wir verstehen, dass der Einsatz für regenerative Energien Opfer fordert. Für uns ist es aber wichtig, dass die Natur in unserem Lebensumfeld bewahrt bleibt und zukünftigen Generationen zur Verfügung steht. Daher sollten wir eine für alle Beteiligten gute Lösung finden.

Die Lehrer:

Position: Inklusion an unserer Schule lehnen wir ab!

Interessen: Inklusion spielt eine wichtige Rolle in der zukünftigen Lernlandschaft und bietet Chancen und Risiken. Wir sind interessiert an einem weiterhin reibungslosen Ablauf an unserer Einrichtung und schaffen die Voraussetzungen für einen möglichst gelingenden Übergang. Dazu gehören auch das Überprüfen und Einfordern notwendiger Ressourcen, wie Personal und finanzieller Ausstattung,

Die Formulierung von Interessen ist häufig dem sogenannten Beitragsleitbild sehr ähnlich, einem Werkzeug aus der CoP-Toolbox.

In manchen Gruppen kann es schwierig sein, den Fokus weg von den Positionen hin zu den Interessen zu lenken. Das ist umso schwieriger, je emotionaler ein Thema ist und Mitglieder persönlich involviert sind.

12 Prinzipien gesunder Communities

Es gibt Gemeinsamkeiten funktionierender Communities, die sich immer wieder finden lassen und genauerer Betrachtung wert sind.[47]

1 Gesunde CoPs vermeiden es, sich zu viel mit sich selbst zu beschäftigen

Um sicherzustellen, dass die Community auf Dauer Bestand hat und ihre Ziele erreicht, sollte sie sich so wenig wie möglich mit sich selbst beschäftigen. Das scheint zunächst ein Widerspruch im Hinblick auf aktive Beziehungsgestaltung zu sein, einer wichtigen Säule jeder CoP. Tatsächlich ist es jedoch gerade ein Zeichen ungesunder Entwicklung und des Niedergangs, wenn Gemeinschaften einen Großteil ihrer Energien in die Beschäftigung mit sich selbst stecken. Da Energien nicht unbegrenzt zur Verfügung stehen, sollte man mit ihnen haushalten.

2 Gesunde CoPs ermöglichen es Menschen, *einen Beitrag zu leisten*

Die Mitglieder der CoP erfahren sich als selbstwirksam und setzen sich ein für das, was sie interessiert, was positiv verändert und beeinflusst. Je mehr sie sich die CoP zu eigen machen, umso mehr werden sie bereit sein, sich für die Themem einzusetzen. Erfahren die Mitglieder, dass sie in ihrer Mitarbeit einen Beitrag leisten, fördert das die Bindung an die Gruppe, steigert das Selbstbewusstsein und

---

[47] Siehe dazu auch Margareth Wheatley: 10 Principles
https://www.youtube.com/playlist?list=PL54EAC6EE8E420C92

die Motivation.

3 Gesunde CoPs statten ihre Mitglieder mit Verantwortung aus

Menschen handeln dann *verantwortungsvoll*, wenn sie für etwas verantwortlich *sind*.

Ich muss gestehen, dass ich als Kind ausgesprochen verrufen und als Störenfried bei jeder Art von Aufsicht bekannt war, seien es KindergärtnerInnen oder später LehrerInnen. Aber es gab auch Ausnahmen. Mein Verhalten änderte sich schlagartig dann, wenn ich Verantwortung für etwas übernehmen durfte, sei es, mich um andere (noch kleinere Kinder) zu kümmern oder um die Ordnung am Kindergarten-Esstisch. Das Prinzip Verantwortung funktioniert auch schon bei Kindern.

In dem Augenblick, wo Anwohner Kübel in ihrer Straße selbst bepflanzen, wird **die** Straße zu **ihrer** Straße. Wenn Team-Mitglieder Entscheidungen gemeinschaftlich fällen, wird aus **dem** Team **unser** Team. Wenn ein Unternehmen ein Leitbild durch **alle** Beschäftigten, einschliesslich (möglichst sämtlicher) Mitarbeiter, Management und Geschäftsführung entwickelt und bestätigen lässt, dann wird es zu **ihrem** Leitbild. Mit der Inbesitznahme wird Verantwortung übernommen und Identität geschaffen. Denn mit dem, was **meins** ist, gehe ich anders um als mit abstrakten Leitlinien, Entscheidungen und Zuständigkeiten.

4 In gesunden CoPs *kommunizieren* Menschen über das, was für sie wichtig und von *zentraler Bedeutung* ist

Ein Beispiel, wie es in vielen Nachbarschaften stattfinden kann: In sich schnell ändernden Stadtteilen sehen alteingesessene Einwohner schon mal auf „die Neuen" herab und sehnen ich nach alten Zeiten zurück, Stichwort „Früher war alles besser" (was bei genauerer Betrachtung tatsächlich fast nie der Fall war). Das ändert sich schlagartig, wenn ein intensiver und intentionaler Austausch zwischen der alten und der neuen Gruppe von Einwohnern stattfindet. Verständnis für die Situation des jeweils anderen entsteht und mit dem Verständnis neue Gemeinsamkeiten, Hilfsbereitschaft und tragende Beziehungen. Die CoP kann als die gemeinsame Klammer dienen, die Verbindung schafft.

Kommunikation ist das A und O bei der Bildung von Communities!

5 Gesunde CoPs verändern, wenn sich nichts mehr bewegt, ihre *Zusammensetzung*

Das Team, die Gruppe, die Community hat sich nichts mehr zu sagen und tritt auf der Stelle? Dann ändere die Zusammensetzung. Nimm neue Menschen mit hinein (auch Externe von außerhalb der Organisation) und biete an, die CoP auch verlassen zu können, wenn kein Interesse oder Engagement mehr vorhanden ist. Lade Gäste dazu ein mitzudiskutieren - vor allem die Unbequemen. Häufig leisten gerade diejenigen wertvolle Beiträge, die sich nicht auf eine permanente Mitgliedschaft einlassen wollen.

6 Die gesunde CoP entscheidet, was für sie „richtig" und was „nicht richtig" ist

Worum geht es wirklich? Ist das Anliegen der Community etwas, das sie beitragen kann, z.B. in Form von Inseln des Gesunden? Der Einsatz für das, was als richtig empfunden wird, kann erhebliche Energien freisetzen. Da es sich um ethische Fragen handelt, sollte darüber engagiert diskutiert, debattiert und sogar gestritten werden dürfen. Das Umgekehrte gilt auch: der Einsatz für das, was als falsch empfunden wird, frisst Energie und lähmt die Community bis hin zur Depression. Ein Team, das beispielsweise eingesetzt wird, um eine Technologie, ein Verfahren oder einen Prozess zu installieren, von dem vorher schon bekannt ist, dass die Technologie nicht funktioniert oder einen Rückschritt bedeutet, wird auch keine gesunde Community bilden können.

7 Die gesunde CoP vertraut der in den Menschen liegenden Weisheit

Im Beratungskontext bin ich immer wieder überrascht und erfreut, wenn ein Mitglied einer Organisation nach einer Zeit intensiver Beratung und Zusammenarbeit zu dem Schluss kommt, dass die gesuchte Lösung schon in den Köpfen der Mitarbeiter vorhanden ist und der Beratungsprozess eher Geburtshelfer für etwas wurde, das schon da ist. Je gesünder die Organisation ist, desto eher ist sie in der Lage, diese Lösung in sich selbst zu finden. So geschieht es in ellenlangen, sich im Kreis drehenden Diskussionen schon mal, dass jemand aufsteht und sagt „OK, wir haben jetzt lange diskutiert. Aber liegt es nicht auf der Hand, dass… ?" Dieses Ereignis nennt man einen Durchbruch. Das kann ein einfacher Satz, eine neue Feststellung oder Frage sein, die alles auf den Punkt bringt, womit man sich vielleicht stundenlang befasst hat (Siehe auch CoP Toolbox „Dynamic Facilitation")

8 Die gesunde CoP konzentriert sich auf das Wesentliche

Was aber ist das Wesentliche? Wie gestaltet die CoP ihre Zeit? Idealerweise mit den *gesunden Anteilen*, also dem, was schon funktioniert, schon mal funktioniert hat oder wahrscheinlich funktionieren wird. Die Fokussierung auf Defizite sollte höchstens in einer Situationsanalyse erfolgen und so schnell wie möglich wieder verlassen werden. Die Stimmung ist und bleibt sonst schlecht. Menschen scheinen instinktiv zu spüren, dass die Beschäftigung mit Defiziten keinen Spaß macht und wenig hilfreich ist. Hinzu kommt, dass das Beseitigen von Defiziten allein höchstens Mittelmaß produzieren wird.

9 Die gesunde CoP kennt die *Kraft der Gemeinschaft*

Menschen können mit allem umgehen, solange sie es *gemeinsam* tun. Wenn ich persönlich auf meine Lebenskrisen zurückblicke, dann stelle ich fest, dass ich mit fast allem klargekommen bin – vorausgesetzt, ich habe es nicht allein versucht. Irgendwann in der

Krise kam bisher immer der Impuls: Öffne Dich, rede mit ... suche diejenigen, die in der Situation hilfreich sein können, die dich unterstützen oder wieder auf gesunde Wege bringen. Nimm Deine Kontakte als Ressource an.

Wo ist in der Krise die Person, die sagt: „Kopf hoch, konzentriere dich auf die Zukunft"? Aus Krisen werden Leader geboren…

Die gesunde CoP weiß, was sie ausmacht:

- Eine Community verfügt über Ressourcen, die keine Einzelperson besitzen oder zustande bringen kann. Es sind Kräfte, die freiwerden durch
- Empathie
- Wertschätzung
- Ermutigung
- Vergebung
- Vertrauen
- Unterstützung
- Aufgefangen werden

Walt Whitman soll nach der Bewältigung einer schweren Krise gesagt haben:

„Wir waren beieinander – den Rest habe ich vergessen!"

10 Die gesunde CoP ist sich ihrer Identität bewusst

Was prägt eine Community? Die gesunde CoP ist sich ihrer Geschichte und ihrer Stärken und Schwächen bewusst. Genau wie ein Individuum kann sie daher für sich Potentiale, Schwachstellen und Bedarfe erkennen. Sie ist in der Lage, für die Zukunft zu planen und flexibel auf Veränderungen und neue Herausforderungen zu reagieren. Ein menschlicher Körper ist kein Einzelwesen, sondern besteht aus Milliarden von Zellen. Jede Zelle ist für sich ein lebendiger Organismus, der nicht allein existieren könnte, in einem ungeheuer komplexen Zusammenspiel aber Leben und eine gemeinsame Identität als Mensch ermöglicht. Sind der CoP diese Zusammenhänge bewusst, kann sie eine eigene positive und gesunde Identität entwickeln.

11 Die gesunde CoP versteht sich als System

Sie ist sich dessen bewusst, dass sie als System in weitere Systeme eingebunden ist. Deshalb berücksichtigt sie, dass jede Veränderung im Kleinen Auswirkungen im Großen haben wird. Gleichzeitig versteht sie sich als Subsystem im größeren Kontext und unterschätzt daher niemals ihre Wirkung. Auch wird sie aufmerksam auf das Außen gerichtet sein, denn auch sich dort ändernde scheinbare Kleinigkeiten können ihre Wirkung auf die CoP haben.

12 Die Gesunde CoP beschäftigt sich lieber mit Inhalten, als mit Strukturen

Wenn Gruppen nicht funktionieren, denken sie gerne darüber nach, wie sie sich besser organisieren oder strukturieren können, um ihre Ziele zu erreichen. Gemäß dem Grundsatz des Design-Managements sollte jedoch die Form der Funktion folgen. Besteht Klarheit über das Inhaltliche, sind die strukturellen Notwendigkeiten eine einfache und logische Folge. Der Grund liegt darin, dass die Stakeholder und ihre Interessen dann offensichtlich sind und die CoP sich dementsprechend besser ausrichten kann.

Entwicklungsphasen einer Community of Practice

Der Start

Als Nukleus wird die erste Phase der gegenseitigen Anziehung bezeichnet: Der Nukleus ist die Keimzelle der sich bildenden Community. Menschen fühlen sich durch ein gemeinsames Thema angezogen und „legen einfach mal los". Sie treffen sich, machen sich zusammen Gedanken und klären die gegenseitigen Erwartungen. Hier kann das quantitative Wachstum im Fokus stehen, muss es aber nicht. Es scheint etwas in der Luft zu liegen, eine Energie, die sich Bahn brechen möchte.

Beispiel "Family Group"

Eine international geprägte christliche Gemeinschaft mit schottischen Wurzeln trifft sich zu ihrer jährlichen Konferenz in der Mitte Deutschlands. Einige sind zum ersten Mal dabei, viele kennen sich aber bereits seit Jahren. Diskutiert wird unter anderem das Konzept „Family Group", das einen zentralen Organisationsfaktor innerhalb der Gemeinschaft darstellt, gewissermaßen die kleinste organisatorische Einheit. Zwei der Anwesenden, die zufällig aus Nachbarstädten sind, sprechen über die Family Groups und stellen fest, dass neben einer persönlichen Sympathie auch eine große Faszination für das Thema besteht. Am Ende des Wochenendes ist klar, dass man sich zur Neugründung einer Family Group wieder treffen wird. Schnell entstehen gute Beziehungen der Mitglieder untereinander auch außerhalb der regulären Treffen. Inhaltlich möchte man relevante Themen erarbeiten, die auch die große Community betreffen (neben glaubensspezifischen Themen auch der konkrete Einsatz für Frieden und soziale Gerechtigkeit), aber allen ist klar, dass der Aspekt der Gemeinschaft und die dadurch entstehende Verbindung untereinander essentiell ist. Nach einigen Monaten ist die Family Group auf acht Mitglieder angewachsen und alle sind mit großer Freude dabei. Eine gemeinsam durchgeführte öffentliche Veranstaltung, die auch von externen Interessenten besucht wird, lässt die Frage entstehen, wie man zukünftig mit weiterem Wachstum umgehen soll, denn es gibt weitere Interessenten.

Lokal? Nicht lokal?

Häufig entstehen CoPs durch lokale Initiativen, z.B. in Unternehmensniederlassungen, Vereinen, Kirchen oder Aktivistengruppen. Weil Kommunikation und Vernetzung immer selbstverständlicher und technisch leichter handhabbar werden, sind auch überregionale Verbindungen möglich. Es kommt grundsätzlich *nicht* auf die *räumliche* Nähe an. Manche Facebook-Gruppe, deren Mitglieder weltweit verstreut leben und die sich nie gesehen haben, lassen Communities entstehen, in denen sich Vertrautheit, Zusammenarbeit oder Beziehungen genauso virtuell wie „offline" leben und erleben lassen. Jede Gruppe kann selbst entscheiden, inwieweit lokale Nähe notwendig ist oder nicht.

Es kann auch sinnvoll sein, Mischformen zu entwickeln, z.B. dann, wenn die Mitglieder weit voneinander entfernt leben. So lassen sich wöchentliche Treffen online vereinbaren und dazu ein- oder zweimalige Jahrestreffen, bei denen sich alle Mitglieder persönlich begegnen. In der Regel entsteht bei intensiven Online-Kontakten ein Bedarf an regelmäßigen Treffen „im richtigen Leben". Diese müssen allerdings organisiert werden und stellen die Community damit vor neue Herausforderungen. Hat sich eine Gruppe gefunden, stehen folgende Fragen im Mittelpunkt:

„Wer mit Wem"?

Wen brauchen wir noch? Wer passt zu uns und wen möchten wir mit in der Nuklcus-Gruppe haben? Wer führt/leitet die CoP? Und auf welche Art und Weise? Welche Art von Leitung/Führung ist nötig und konsensfähig?

„Wohin und Wozu?"

Die Vision: was kann werden?

„Wie, Was und Wo?"

Die praktischen Aspekte, wann, wo, bei wem trifft man sich? Virtuell oder real? Oder beides?

Wenn die CoP gestartet ist, bildet sich aus dem Nukleus heraus der Kern, häufig bestehend aus denen, die ursprünglich die Community gestartet hatten.

<u>Der Kern</u>

Wer gehört zum Kern? Bei wem ist die meiste Energie? Manchmal ist diese Frage gar nicht so leicht zu beantworten. Nach einer kurzen Phase der Konsolidierung verlassen möglicherweise erste Mitglieder die CoP wieder, z.B. weil im Verlauf der Treffen klar wird, dass im ersten enthusiastischen Schwung Erwartungen noch nicht ausreichend geklärt wurden. Wichtiger als eine absolute Zahl von Mitgliedern ist das Selbstverständnis der Beteiligten und ihre Bereitschaft, unter Umständen mehr zu liefern als andere. <u>Dabei trägt jeder Kern die Gefahr, exklusiv zu werden und andere auf Distanz zu halten.</u> Dafür kann es gute Gründe geben, z.B. um die innere Kohärenz der Gruppe zu wahren. Allerdings trägt jede Art von Gruppe in sich die Versuchung zur Ausgrenzung. Auch wenn es häufig wie ein Naturgesetz scheint: die Aufteilung einer Gruppe in Kern, Mitglieder und Mitläufer kennt jede/r, aber deswegen *muss* es nicht auch so erfolgen. Wenn der Grad der Eigenverantwortlichkeit hoch ist, kann diese Art von Hierarchie sogar kontraproduktiv sein.

<u>Sich einigen:</u> Was ist unser Thema? Wie sind unsere Erwartungen?

Vor allem die Erwartungen sollten offen und ehrlich kommuniziert werden – so wird Enttäuschungen vorgebeugt. Es sollte diskutiert werden, wie

- Wachsen
- Lernen
- Sich verbinden

geschehen kann. Wichtige Fragen in dieser Phase sind:

- Welche Ressourcen sind nötig und vorhanden? Was fehlt?
- Wie sind unsere Zugänge zu Informationen und Arbeitsmitteln?
- Welche Kompetenzen sind vorhanden? Welche fehlen?
- Was ist ein geeigneter Ort? Welche Zeit und welcher Rhythmus?
- Online oder Offline? Oder sogar beides?
- Wie sind unsere Schnittstellen nach Außen, mit wem tauschen wir Informationen aus?
- Wie schafft die CoP Verbindlichkeit?

Wachstum

Eine Community kann in zweierlei Hinsicht wachsen: innerlich (qualitativ) und äußerlich (quantitativ). Wie später noch bei dem Stichwort ‚Expandieren' macht es Sinn, sich frühzeitig im Klaren darüber zu sein, wo die Community hinmöchte: eher qualitatives oder inneres Wachstum oder quantitatives und zahlenmäßiges Wachstum. Bei CoPs, in denen das Thema selbst oder enge Beziehungen der Mitglieder als vorrangig verbindende Elemente im Vordergrund stehen, hat das innere Wachstum üblicherweise Priorität. CoPs, die Einfluß nehmen möchten, um z.B. größere Systeme, in die sie eingebunden sind, zu transformieren, gehen häufig den Weg des quantitativen Wachstums. Denn häufig ist ihr Einfluss mit der Wahrnehmung, Vernetzung und Bewertung von Außenstehenden verbunden, und dieser wächst mit der Größe der CoP. Inneres Wachstum kann entstehen durch

- Rituale (Austausch, Befindlichkeitsrunden, Startrituale, gemeinsame Mitte)
- Strukturen (Verantwortlichkeiten, organisatorischer Rahmen, ...)
- Dokumentieren (Storytelling)
- Gemeinsame Geschichten (s.o.)
- Gemeinsame Geschichte (s.o.)
- Gemeinsame Projekte
- Vertrauen

172

- Schutz

- Heilung

- Transzendenz (sich Ausrichten auf ein höheres Ziel)

Bei eher transformativ (auf Veränderung hin) ausgerichteten CoPs ist äußeres/quantitatives Wachstum häufig Teil der Strategie, ebenso wie Multiplikation. Äußeres Wachstum kann entstehen durch

- Mitgliederwerbung/ Mitgliederzuwachs

- Erweiterung der Einflussmöglichkeiten nach Außen (z.B. Medienarbeit)

- Teilung (Multiplikation)

- Zielorientierung (Projekte annehmen und abschließen)

- Außenkommunikation, z.B. unter Verwendung von Marketing-Tools

Konsolidierung

Gerade nach einer Phase intensiven Wachstums kann es zu einem Zustand kommen, der dem gleicht, wenn ein Flugzeug in ein Luftloch fällt. Nun ist es an der Zeit, sich existentielle Fragen zu stellen:

- Was ist der Kern der Aktivitäten?

- Besteht noch Verbindung zum ursprünglichen Thema und

- ist noch Leidenschaft mit dabei?

- Sind die beteiligten Menschen (noch) miteinander verbunden?

Verzettelt sich die Community, hilft die Besinnung auf das Wesentliche und das Schaffen von passenden Strukturen. Ich habe allerdings schon viele Organisationen erlebt, die in ihrer Endphase nur noch mit Strukturen beschäftigt waren. Das sollte auch nicht überraschen, denn wenn eine Organisation schon länger existiert, hat sie viel Übung im Schaffen von Strukturen.[48]

Wie oben beschrieben, ist das Entwickeln geeigneter Strukturen in Ordnung, solange Strukturen kein Selbstzweck werden. Konsolidierung kann aber auch bedeuten, Aktivität ein wenig herunterzufahren, aufzuräumen, sich auszuruhen und das Erreichte zu genießen.

„Warum nicht die Community feiern?"

Irgendwann jedoch steigen Leidenschaft und Energie wieder und Aufbruch liegt in der Luft. Diesen Prozess zu steuern ist nicht einfach. Manchmal bedarf es auch äußerer Impulse, um die Sache wieder ans Laufen zu bringen. Daher ist die Kommunikation nach außen so

---

[48] Paul Watzlawick hat dieses Phänomen in seiner "Anleitung zum Unglücklichsein" präzise und humorvoll beschrieben: das Prinzip des "Mehr desselben". Das, was in der Vergangenheit funktioniert hat, aber in der Gegenwart nicht mehr, wird intensiviert in der Hoffnung, dass es mit mehr Anstrengung wieder funktionieren möge. Was natürlich nie der Fall ist ...

enorm wichtig. Eine CoP, die stark gewachsen ist, versinkt gern in Selbstgefälligkeit, das ist das Gefährliche am Erfolg. Da Kommunikation anstrengt und nie sicher ist, ob und inwieweit Ergebnisse folgen, verzichtet man als Erfolgsgewohnte möglicherweise irgendwann darauf – mit fatalen Folgen. Die Situationen, in denen Communities besonders gern mit sich selbst beschäftigt sind, sind

- Niedergang
- Erfolg

Gesund ist das Schauen auf den eigenen Bauchnabel in keinem der beiden Fälle.

Expansion

Wie viele und welche Mitglieder verträgt die Community?

An diesem Punkt hängt häufig die *Zukunftsfähigkeit* der spezifischen Community of Practice. Für manche Mitglieder ist es gar nicht erstrebenswert zu expandieren, weil sie die gelebten Werte oder die „Kuscheligkeit der Gruppe" in Gefahr sehen. Möglicherweise bedeutet eine Vergrößerung oder Erweiterung auch die Gefahr zu vieler Kompromisse, da man vor allem den neuen Mitgliedern gefallen möchte. Häufig ist auch die Sorge, dass ein vertrauensvolles Miteinander gestört werden könnte. Angst vor Wachstum ist immer

Verlustangst und damit eines der stärksten Handlungsmotive, das Menschen kennen. Aus systemischer Perspektive ist diese Angst gerechtfertigt, denn das System wird sich mit jedem neuen Mitglied ändern, erst recht, wenn es sich um mehrere oder sogar viele neue Gesichter handelt. Veränderung selbst ist jedoch nie eine qualitative Aussage, denn sie kann positive und negative Aspekte beinhalten (was in sozialen Gefügen auch meistens der Fall ist).

Allgemeingültig lässt sich hierzu keine Aussage treffen. Möglich ist sowohl eine erfolgreiche Expansion als auch das Bestehenbleiben einer eingeschworenen Gemeinschaft. Beides hat seinen Preis, und wenn die Community hier eine Entscheidung trifft, sollte sie sich dessen bewusst sein. In jedem Fall ist es richtig, Ängste ernst zu nehmen und keine faulen Kompromisse einzugehen. Einmal gestörtes oder zerstörtes Vertrauen wieder herzustellen ist so schwierig und energieintensiv, dass manchmal sogar ein kompletter Neustart einfacher sein kann. Eine gute Vorgehensweise ist, sich für Wachstum einfach Zeit zu lassen. Auch an Veränderung als ständigen Vorgang können sich viele Menschen gewöhnen, besonders dann, wenn der Grund dafür klar ist bzw. der Grund offen kommuniziert wird.

Multiplikation

CoPs können innerhalb oder außerhalb bestehender Organisationen multipliziert werden. Multiplizieren bedeutet erst einmal, eine oder mehrere Communities zu bilden, die das gleiche Thema / die gleiche Leidenschaft besitzen.

Multiplikation innerhalb bestehender Organisationen

Organisationen wie z.B. Unternehmen oder Verbände sind besonders am Wissenstransfer interessiert und die CoP als Container für erarbeitetes Wissen kann multipliziert werden. Hat die CoP z.B. ein technisches Verfahren entwickelt, das unternehmensweit interessant ist, ist es sinnvoll, die CoP als Lern- und Erfahrungsgemeinschaft zu teilen und so an unterschiedlichen Orten zu führen. Das gilt jedoch eher für den Start weiterer CoPs, denn möglicherweise geht die Entwicklung der Communities in unterschiedliche Richtungen oder mit unterschiedlichem Tempo voran. Interessant ist, den Austausch zwischen den Gemeinschaften auf Dauer zu etablieren und sich z.B. regelmäßig im großen Kreis zu treffen.

Multiplikation außerhalb bestehender Organisationen

Aus kleinen Veränderungen kann Großes entstehen. Eine CoP außerhalb einer größeren oder übergeordneten Organisation zu multiplizieren bedeutet, ihre Grundprinzipien, also Leidenschaft, Lernen, Wachsen, Sich-Verbinden und Transformieren, zu erzählen und sie zu transportieren. Es geht also um den Kern dessen, was die CoP bisher ausgemacht hat. Sobald diese Prinzipien transportiert wurden, sollte sich die neue CoP allerdings auch von der ursprünglichen Community trennen, um eigene Wege zu gehen, d.h. die Prinzipien für sich neu zu erschließen. Natürlich darf es dazu zwischen alter und neuer CoP einen intensiven Erfahrungsaustausch geben. Das kann für beide Communities neue Chancen zum Wachstum und zu gegenseitiger Bereicherung bieten. Eine besondere Herausforderung für die neue CoP wird darin bestehen, ihr individuelles Profil zu entwickeln, ohne zu einer simplen Kopie zu werden.

Transformation

Transformation als gesunden und nachhaltigen Veränderungsprozess zu gestalten, erfordert bei möglichst allen Beteiligten die innere Bereitschaft, sich anzupassen und zu verändern. Transformation kann in allen Säulen der CoP stattfinden, also bei

- Thema / Leidenschaft
- Lernen
- Wachsen
- Sich verbinden

Von außen wahrnehmbar wird Transformation durch z.B.

- neue Leitungskultur (z.B. von einer hierarchischen zu einer demokratischen Leitung oder Leadership)
- geänderte Strukturen (z.B. durch die Erweiterung zu einer weltweiten Community)
- intensivere und „tiefere" Verbindungen untereinander
- bessere Ergebnisse
- gesunde Kommunikation nach Innen und Außen
- neue und/oder bewusstere Identität

Auch möglich: das Ende der CoP

Natürlich gibt es kein programmiertes Ende einer Community of Practice. Im Gegensatz zu Projektteams, die nicht mehr weiter bestehen, wenn das Projekt beendet ist, sind die Freiheitsgrade bei der CoP wesentlich größer. Es ist genauso möglich für eine CoP, einfach auszulaufen als auch weiter zu existieren, ohne wirklich aktiv zu sein. Gerade bei Online-Communities kann schon mal eine Weile Funkstille herrschen, bevor jemand den Faden wieder aufgreift und die Community innerhalb kürzester Zeit wieder sehr lebendig wird. Wenn die Leidenschaft fehlt oder das Thema erledigt ist, ist es aber auch legitim, die CoP zu beenden. In jedem Fall ist die Welt durch das Wirken der CoP ein wenig reicher geworden und die Mitglieder sollten gemeinsam darüber nachdenken, ob die Geschichten, die sie gemeinsam geschrieben haben, es wert sind, erhalten zu bleiben. Möglich ist das z.B. durch einen Online-Blog, ein Buch, einen Zeitungsartikel oder einen sonstigen Container, der die Ergebnisse, noch viel mehr aber die gemeinsame Geschichte der Community und ihrer Mitglieder, bewahrt.

Ausblick: die CoP als alternative Organisationsform

Klassische Organisationformen für Gruppen von Menschen sind zum Beispiel Firma, Partei, Verein oder Gemeinde. Diese leiden häufig unter starren, meistens vorgegebenen Strukturen. So werden Vorstände oft für einen gewissen Zeitraum gewählt oder Manager besitzen mehrjährige Zeitverträge. Jenseits gesetzlicher oder verbandstechnischer Vorgaben ist der Gedanke jedoch äußerst attraktiv, „Feuer und Flexibilität" der CoP als eigene Organisationform zu nutzen.

Beispiel: Unternehmen

So könnte es sein: In einem Unternehmen verstehen sich die Abteilungen und Teams jeweils als Community of Practice. Sie berufen dazu regelmäßig Treffen ein, in der die Grundprinzipien (Verbinden, Lernen, Wachsen...) besprochen und ihnen entsprechend geplant wird. Hierbei wird eine Identität als CoP innerhalb des oder der Systeme gebildet. Zum Selbstverständnis einer jeden CoP gehort auch, dass ihre Mitglieder leidenschaftlich (oder etwas harmloser formuliert: engagiert) für die Ziele der Abteilung/Community eintreten. Dazu müssen diese Ziele idealerweise gemeinsam erarbeitet, formuliert und von jedem Mitglied unterstützt werden. Dazu gehören auch Ziele, die von Außen an die CoPs herangetragen werden oder durch die Funktion vorgegeben sind (z.B. Jahresabschluss einer Finanzbuchhaltung). Dies erfordert ein

Bewusstsein für die Organisation insgesamt und Schnittstellen der CoP zu allen anderen für sie relevanten Organisationseinheiten. Selbstorganisiert beschließt jede Community dazu Lern- und Wachstumsziele. Sie definiert Veränderungsbedarfe und plant Aktionen, um die Verbundenheit untereinander bewusst zu gestalten und zu intensivieren.

Beispiel: Verein

Ein Verein ist ein Zusammenschluss von Menschen zur Verfolgung eines bestimmten Zieles. Üblicherweise - und gesetzlichen Vorgaben folgend - gibt es einen verantwortlichen Vorstand und Mitglieder, die diesen Vorstand bestimmen und kontrollieren. Das Konzept der Community of Practice kann sich auf den gesamten Verein beziehen oder auf Teile desselben, also CoPs innerhalb der bestehenden Strukturen. Da das Engagement aufgrund der Freiwilligkeit der Mitglieder eines Vereins (zumindest, soweit es die aktiven Mitglieder betrifft) vorausgesetzt werden kann, ist eine wichtige Basis für CoPs, nämlich Thema / Leidenschaft, bereits gegeben.

Der nächste Schritt wäre dann das Ausbilden einer Identität als Community. Diese geht über den eigentlichen „Verein" hinaus, denn eine besondere Qualität der Verbindungen der Mitglieder untereinander ist für das reine Verfolgen eines (Vereins-) Zwecks nicht nötig. Möglicherweise macht es aber Sinn, den unterschiedlichen Graden an Leidenschaft der Mitglieder Rechnung zu tragen. Genau wie in Unternehmen können dann Wachstums- und Lernziele von der CoP weiter geplant werden.

Ähnliche Transfer-Beispiele lassen sich auch für Parteien und/oder Kirchengemeinden finden.

Was förderlich ist

Ein Negativbeispiel: Meine ersten Erfahrungen mit einer CoP waren derart, dass der Begriff Community of Practice in meiner persönlichen Prioritätenliste erst einmal ganz nach hinten rutschte. Es ging um ein Lernforum, in denen grundlegende und zukunftsweisende Prinzipien erlernt wurden, die dann in einer CoP nach Abschluss des eigentlichen Lehrgangs intensiviert werden und den Transfer in die Praxis der Teilnehmenden bewirken sollten.

Die Community wurde mit großer Begeisterung gestartet und die TeilnehmerInnen waren gern bereit, sich persönlich einzubringen. Da das Thema insgesamt jedoch auch Potential zur Vermarktung bot, kristallisierte sich von Anfang an ein „inner circle" heraus, der eine eigene Agenda hatte und die anderen TeilnehmerInnen insofern als „nützliche Idioten" betrachtete, da diese zwar für die Gemeinschaft arbeiten durften, jedoch über die eigentlichen Ziele des „inner circle" weitgehend im Unklaren gelassen wurden. Auch von der "Ernte", also möglicherweise entstehendem Profit, sollte lediglich der „inner circle" profitieren.

Dies führte zu einem ausgeprägten elitären Bewusstsein der Eingeweihten, die sich, da die Arbeit am Anfang sehr gut lief, immer mehr an ihrem offensichtlichen Erfolg freuten – bis die ersten Mitglieder ausscherten. Da auf diese Art immer mehr Kompetenz verloren ging und dem inner circle ein Bewusstsein für die eigenen Lücken fehlte, schlief die Community dann zunehmend ein.

Spannungsfelder

Offensichtlich ist eine Community of Practice kein Selbstläufer. Selbst wenn vieles richtig gut läuft, kann die CoP auf Stolpersteine treffen. Diese Hindernisse sind häufig nicht einfach als ‚gut oder schlecht‘ oder ‚richtig oder falsch‘ zu bewerten. Immerhin beschreibt das, was als gut oder schlecht bewertet wird, häufig mehr ein ‚Zuviel‘ oder ‚Zuwenig‘. Schädlich sind eher die Übertreibungen oder Unterforderungen. Selbst ein so positiver Begriff wie Wertschätzung kann ein Zuviel beinhalten, z.B. dann, wenn so intensiv gegenseitig wertgeschätzt wird, dass Probleme keinen Platz mehr in so viel "feel good" haben.

Auch kann ein eher negativ besetzter Begriff, z.B. "elitäres Bewusstsein", Positives beinhalten. Z.B. dann, wenn das Empfinden dafür da ist, etwas Neues oder wirklich Großes zu erleben. Natürlich sollte man die negativen Effekte außen vor lassen, besonders da, wo elitäres Bewusstsein zu Ausgrenzung, Selbstüberschätzung oder gar Hybris führt. Ein Beispiel für die positive Wirkung, die elitäres Bewusstsein haben kann, ist für mich Charity („Mildtätigkeit"), so wie ich sie in den USA bei Freunden kennen gelernt habe. Diese haben in dem Bewusstsein, außergewöhnlich hohen materiellen Wohlstand erreicht zu haben, eine Verpflichtung zu tätiger Hilfe für diejenigen, die auf der sozialen Stufe ganz unten stehen, immer sehr bewusst gelebt. Für die heranwachsenden Kinder dieser amerikanischen Eliten gehört es seit Generationen mit zur Erziehung, hier in aller Demut Dienst an der Allgemeinheit zu tun. Viele Jugendliche erleben so z.B. durch die Mitarbeit bei Tafeln ganz andere soziale Realitäten. Die Sichtweisen auf die Selbstverständlichkeiten ihrer sicheren und elitären Umgebungen erhalten dadurch notwendige Korrekturen. Die Art und Weise, wie Menschen mit diesen Erfahrungen umgehen, korrigiert die bereits früher erörterten Bezugsrahmen.

Weitere Beispiele für diese Spannungsfelder sind:

Positiv		Negativ
Wertschätzende Haltung	versus	elitäres Bewusstsein
Minimum an notwendiger Struktur		Zu wenig oder zu viel Struktur
Loslassen können		Festhalten müssen
Ziele nicht mit Prozessen verwechseln		Ziele und Prozessen verwechseln
Offen kommunizierte Agenda		Hidden Agendas
Information teilen		Informationen als Machtinstrument („Herrschaftswissen")
kommunizieren		verschleiern
Klassenlose Gesellschaft		Elitebewusstsein
Reflektiert sein		Reflektion vermeiden
Öko-Zentrierung		Ego-Zentrierung

Die Verortungen, die eine Gruppe innerhalb dieser Spannungsfelder vornimmt, sind tatsächlich subjektiv und häufig von Wünschen und Projektionen geprägt. Sinnvoll sind diese Spannungsfelder als Diskussionsgrundlage und –anregung. Es geht vor allem um die Fragen

- Wo stehen wir?
- Wo wollen wir hin?

Früher oder später führt das Diskutieren von Spannungsfeldern zu Wertediskussionen innerhalb der CoP.

Werte - das Fundament der Community of Practice

Werte verbinden Menschen. Dort, wo sie andere Menschen mit gleichen Werten antreffen, verbinden sie sich, z.B. durch

- gemeinsames Erleben
- gemeinsames Schaffen von etwas Neuem
- gemeinsame Einstellungen

Kurz gesagt: indem sie sich über einen gemeinsamen Sinn definieren und diesen leben.[49] Die Community erlebt diese gemeinsamen Werte (und ihre Unterschiede) häufig im Austausch miteinander und natürlich im konkreten Tun, also im Austausch mit ihrer Lebenswelt. Es ist nicht nur passiv in der Reflektion möglich, sich als Gruppe mit den eigenen Werten zu beschäftigen. Werte können offen und gemeinsam entwickelt werden. In der CoP Toolbox am Ende dieses Buches findest du dazu geeignete Werkzeuge.

Welche Werte eine CoP vertritt, muss, kann und soll diese für sich selbst entscheiden. Aus Erfahrung und Beobachtung heraus gibt es jedoch eine Liste von Werten, die sich kulturübergreifend immer

---

[49] Wir folgen hier dem wertezentrierten Ansatz, wie er von Victor E. Frankl in der von ihm entwickelten Existenzanalyse/Logotherapie erstmalig formuliert und angewendet wurde. Die Kurzformulierung wäre: Sinn findet der Mensch im Realisieren von Erlebnis-, schöpferischen und/oder Einstellungswerten. Ein Mensch, der einen Moment als zutiefst sinnhaft erlebt, findet darin immer auch sein persönliches Wertesystem repräsentiert. Das gleiche gilt natürlich auch für Gruppen, wie die Community of Practice.

wieder in Zusammenhang mit der CoP finden. Es handelt sich um Vorschläge, nicht um eine Checkliste oder ein Standardprogramm.

Der Einsatz für gemeinsame Werte ist eine Riesenchance für jede Gemeinschaft! Die in den vorhergehenden Kapiteln formulierten Gemeinsamkeiten gesunder Communities stellen schon eine Art Werteliste dar. Darüber hinaus gibt es positive Werte, die immer wieder in CoPs aktiv sind:

- Wertschätzung
- Vertrauen
- Miteinander
- Heilung
- Innovation
- Experimentieren
- Bewusstheit
- Achtsamkeit
- Austausch, Kommunikation
- Spielwiese
- win-win-win

Das Realisieren gemeinsamer Werte kann enorme Energien freisetzen. Frei nach Nietzsche[50]: Wer ein Wozu hat, erträgt fast jedes Wie ... Menschen können mit einer Perspektive oder einer Vision auch widrigste Umstände ertragen. Perspektiven und Visionen sind oft nichts anderes, als ausformulierte Werte.

---

[50] Dieses Zitat könnte auch von Victor Frankl sein und er hat es gern genutzt. Tatsächlich stammt es von Nietzsche: "Hat man sein Warum des Lebens, so verträgt man sich fast mit jedem Wie" (aus Friedrich Nietzsche, Götzen-Dämmerung, Sprüche und Pfeile, Seite 12 (1899))

Win-Win-Win

Der in der obigen Aufzählung zuletzt genannte Begriff verdeutlicht noch einmal den Bezugsrahmen der Wertediskussion innerhalb einer CoP: Bekannt sind

Win: die Ich- oder Ego-Perspektive. Ich gewinne, wenn meine Werte realisiert werden. (Ich-Zentrierung)

Win-Win: die Du- oder Wir-Perspektive: Wir gewinnen, wenn unsere (alle Mitglieder der CoP) Werte realisiert werden (Wir-Zentrierung)

Win-Win-Win: die Öko oder Wir-alle-Perspektive: Wir gewinnen, wenn das System insgesamt gesundet. (Wir-alle-Zentrierung)

Der Bezugsrahmen erweitert sich also mit jedem weiteren „wir". Der Begriff „gesundes System" wurde bereits im Kapitel „Die CoP als Motor für Veränderung" beschrieben. Die Vorgehensweise ist in allen Perspektiven sehr ähnlich, es geht darum,

- Werte festzulegen
- Diese Begrifflichkeiten mit Inhalten zu füllen
- Das Umsetzen dieser Werte zu planen und durchzuführen

Im weiteren Verlauf dieses Buches werden konkrete Werkzeuge dazu vorgestellt.

Kleine Toolbox für die CoP

Rituale

Rituale sind ein tiefsitzendes menschliches Bedürfnis. Sie schaffen Sicherheit, Zusammengehörigkeit und Identität. Jedes Treffen, sei es im physischen oder im virtuellen Raum, bietet zahlreiche Möglichkeiten für Rituale. Diese Rituale können um eine gestaltete Mitte herum geschehen, z.B. durch eine ansprechende und lockere Anordnung von

- Steinen oder Mineralien
- Pflanzen
- Einer Sammlung von Gegenständen, die die Mitglieder ausgewählt und mitgebracht haben
- Bild-Postkarten
- Fotos
- Sonstigen Deko-Gegenständen
- ...

Darum herum versammeln sich die Teilnehmenden in Kreisform. Diese Mitte hilft, anzukommen und ein gemeinsames Zentrum zu finden. Jede/r, die etwas mitgebracht hat, erzählt seine/ihre eigene Geschichte mit z.B. ihrem persönlichen Gegenstand. Sie lassen ihre Geschichte zur Geschichte aller werden, indem sie ihren Gegenstand in die gemeinsame Mitte legen und den anderen Beteiligten schildern, warum diese Gegenstände oder Bilder wichtig für sie sind. Dieses Teilen von Geschichten nimmt eine wichtige Funktion ein. Auf der einen Seite lenkt es erst einmal vom Thema selbst ab und schafft so eine vorläufige Distanz, um zu einem späteren Zeitpunkt aus einer anderen und weiterer Perspektive wieder draufschauen zu können. Auf der anderen Seite gehen diese Geschichten häufig ins Persönliche und öffnen so neue Räume zu einem besseren Verständnis untereinander.

Wie-geht-es-mir-Runden

Ein wichtiges Ritual, um sich auf die Community einzustimmen und ein Feld entstehen zu lassen, sind Runden, in denen jede/r schildert,

- Wie es ihr/ihm momentan geht
- Was jemand an diesem Tag Besonderes erlebt hat
- Was ihr/ihm in der letzten Zeit in Hinblick auf die CoP wichtig geworden ist
- Was sich seit der letzten Zusammenkunft ereignet hat
- Wie sich die Sicht auf die CoP geändert / erweitert... hat
- Ggf. Wie sich die Sicht auf das Thema geändert / erweitert hat
- ...

Es geht dabei um mehr als nur momentane Befindlichkeiten. TeilnehmerInnen entdecken, dass die Schilderungen persönlicher Erlebnisse ein tieferes Verständnis für ihr Gegenüber wecken. Am

Ende einer solchen Runde sind alle emotional angekommen, also nicht nur physisch wirklich präsent. Der Nachbar zur Linken wirkte am Anfang vielleicht so, als hätte er einfach nur schlechte Laune, in der Runde erzählt er, dass er sich um seine Tochter sorgt, die auf Abwegen zu sein scheint. Die Nachbarin zur Rechten freut sich, weil ihre Schwester Nachwuchs bekommen hat – und die ganze Runde beginnt, sich mit zu freuen. Es sollte jede Person so lange sprechen können, wie sie möchte oder bis sie das Empfinden hat, dass jede/r in der Runde das Wesentliche, ihre Person Betreffende mitbekommen hat.

Eher introvertierte Menschen können sich anfänglich mit diesen Runden überfordert fühlen. Solche Runden brauchen Übung. Sie gehören auf jeden Fall an den Anfang eines Treffens und dazu idealerweise vertiefend am Ende die

Reflektionsrunde

Der Ablauf ist der gleiche wie bei der Wie-geht-es-mir-Runde. Der Unterschied ist, dass hier vor allem nach den Eindrücken der bisherigen Zusammenkunft gefragt wird. Es geht nicht nur um ein Feedback an die/den LeiterIn über den Erfolg des bisher Geschehenen! So sollte es auch möglich sein zu äußern, welche Fragen noch offengeblieben sind. Neben dem Inhaltlichen kann hier noch einmal auf die Verbundenheit untereinander hingewiesen werden – und diese dann in Form eines Rituals aufgelöst werden, z.B. dadurch, dass vorher in die Mitte eingebrachte, persönliche Gegenstände vom Besitzer aufgehoben und "aus der Mitte herausgenommen" werden. Nach dem Ende dieser Runde ist die Veranstaltung dann aber auch wirklich beendet. Und dann

Stille!

Das vielleicht wichtigste Ritual. Bei modernen Methoden im Zusammenhang mit Gruppenprozessen spielen Phasen der Stille häufig eine zentrale Rolle (Theory U, / Dynamic Facilitation...). Rituale der Stille werden bewusst eingebaut, um Raum für

- Kreativität
- (Rück-)Besinnung
- dem Werdenden

zu geben. Die vielen Vorteile von bewusst und gemeinsam praktizierter Stille sind:

Stille öffnet Räume.

Stille ist Kommunikation auf einer mentalen Ebene.

Stille zentriert und erdet die Beteiligten.

Stille harmonisiert und ebnet Hierarchien ein.

In der Stille sind alle gleich...

Stille bietet Möglichkeiten, Felder zwischen Menschen zu erspüren und deren Qualität wahrzunehmen.

<u>Die Werteliste</u>

Dauer: ca. 2-3 Stunden mindestens

Menschen verbinden sich über gemeinsame Werte, und so kann es Sinn machen, dieses Prinzip als bewussten Prozess durchzuführen.

Ein einfacher Start zur Arbeit mit Werten ist die *Werteliste*. Die Mitglieder der CoP nehmen sich bei einem Treffen Zeit, um – erst einmal jede/r für sich – die 10 wichtigsten persönlichen Werte zu notieren (ca. 30 min). Da Werte ihre Priorität mit der Situation wechseln können, soll die Überschrift sein:

„10 zentrale Werte, die mir für die Arbeit in der CoP _____ wichtig sind"

Je nach Gruppengröße kann in der großen Gruppe versucht werden, sich auf 10 <u>gemeinsame</u> Werte zu einigen. Ist die Gruppe dazu zu groß (bei mehr als 8 Personen), werden erst einmal Untergruppen gebildet (ab 2 Personen), die sich auf ihre 10 wichtigsten gemeinsamen Werte einigen und diese notieren (Zeitbedarf ca. 30 min).

Danach kommen die Gruppen zusammen, stellen ihre Ergebnisse auf Flipcharts vor und einigen sich in der Großgruppe auf ihre 10 zentralen und gemeinsamen Werte (Zeitbedarf ca. 90 min).

Die CoP wird feststellen, dass allein die Diskussion über gemeinsame Werte die Verbindung untereinander stärkt und in der Regel zu überraschenden Erkenntnissen über individuelles Wertverständnis führt. Auch die Art und Weise, wie in kleinen oder größeren Gruppen Einigkeit hergestellt wird oder Entscheidungen getroffen werden, kann für manche spannenden Erkenntnisse über den Ablauf gruppendynamischer Prozesse in der CoP sorgen.

Am Ende dieses Prozesses kann aus diesen 10 gemeinsamen Werten ein Leitbild für die Community abgeleitet werden, das verpflichtenden Charakter haben soll.

Eine Möglichkeit ist das Beitragsleitbild.

Das Beitragsleitbild

Ein Beitragsleitbild wird ebenso wie (hoffentlich) auch das Unternehmens- oder Organisationsleitbild von allen Beteiligten gemeinsam erstellt. Das Beitragsleitbild ist jedoch spezieller gehalten. Es geht darum, dass die Community sich gemeinsam überlegt, was sie zukünftig umsetzen möchte oder genauer, welchen Beitrag sie in ihrer bestimmten Situation leisten möchte. Ein Beitragsleitbild ist daher immer auf die Zukunft bezogen, kann kurz sein und beschreibt die Wirkung, die auf die bzw. mit den Stakeholdern zusammen erzielt werden soll. Inhaltlich kann das Beitragsleitbild z.B. an einen Werteliste-Prozess anschließen und die ermittelten zentralen Werte in ein oder zwei Sätzen zusammenfassen.

Eine andere Vorgehensweise: Das Beitragsleitbild beschreibt die vier Grundprinzipien der CoPs: Leidenschaft/Thema / Verbindung / Lernen / Transformieren. Auf die in Kapitel beschriebenen Beispiel-Communities bezogen könnte das z.B. so aussehen:

Lehrer: Gelungene Inklusion an unserer Schule ist uns ein wichtiges Ziel (Leidenschaft). Wir werden dafür sorgen, dass Inklusion an unserer Schule für alle Beteiligten eine positive Lernerfahrung (Lernen + Wachsen) wird, dass unsere gemachten Erfahrungen anderen zur Verfügung gestellt werden und in die Gesellschaft ausstrahlen (Transformation).

Tai-Chi-Lehrer: Wir sind eine Community begeisterter Tai-Chi-Lehrer (Leidenschaft). Wir sorgen dafür, dass aus den erlernten Tai-Chi-Grundlagen heraus eine lebendige und wirksame Kampfkunst vermittelt wird (Lernen und Wachsen), die unseren Alltag bereichert und uns vorwärts bringt (Transformation).

NGO/Community vor Ort: Das Problem der Trinkwasserversorgung in der Sahel-Zone muss gelöst werden, da es um Menschenleben geht (Thema/Leidenschaft). Wir lernen, die vorhandene Anlage so zu nutzen (Lernen) und zu warten (Wachsen), dass die Menschen in unserem Dorf zukünftig gesundes, frisches Wasser erhalten. Wir teilen unsere Erfahrungen mit anderen Communities, um diese zu unterstützen (Transformation).

Kirchengemeinde: Unsere Kirche soll sich zum Wohle aller weiterentwickeln (Thema/Leidenschaft). Wir bieten allen Menschen unserer Umgebung eine Möglichkeit, sich zu begegnen und Gemeinschaft zu erleben (Transformation). Wir wollen voneinander lernen und verschiedene Spiritualitätsformen akzeptieren und ausprobieren, ohne unseren Kern zu verlieren (Lernen und Wachsen)

Nachbarschaftsinitiative: Wir sehen unsere Verpflichtung, die uns und unseren Nachfahren anvertraute Umwelt zu bewahren und zu beschützen (Thema/Leidenschaft). Dazu werden wir proaktiv Vorhaben bekämpfen, die Umweltzerstörung zur Folge haben, und fördern (Lernen und Wachsen), was unserer Umgebung dient (Transformation).

Wie bei jeder Form von Leitbild kann gar nicht genug betont werden, wie wichtig es ist, dass wirklich die ganze Community aktiv daran beteiligt ist. Sicherstellen kann die Community das, in dem sie über das Ergebnis des Prozesses gemeinsam abstimmt und im Idealfall zusammen „feiert".

Storytelling

Wie das Prinzip der CoP, ist auch das Storytelling uralt.

Unter Storytelling versteht man eine Form der kollektiven Wissensspeicherung, bis hin zur generationenübergreifenden Vermittlung kollektiver Weisheit durch aufgezeichnete Geschichten.

Dahinter steht die Erkenntnis, dass zu. einer Problemlösung neben der reinen Technik auch eine Entwicklungsgeschichte gehört, die diese Lösungen erst möglich machte. Geschichten sind für Menschen leichter abrufbar als rein faktenbasierte Analysen oder Lösungsanleitungen, da sie andere Hirnareale ansprechen. Niemand käme auf die Idee, Kindern "die Moral von der Geschichte" zu vermitteln, ohne vorher das dazugehörende Märchen zu erzählen ...

Jede Geschichte braucht handelnde Personen, einen Handlungsbogen („Die Story"), eine dramatische Entwicklung mit einer uberraschenden und einleuchtenden Lösung und die Beschreibung positiver Folgen.[51]

In den meisten Communities findet sich jemand, die/der gerne (und im Idealfall auch gut) schreibt. Arbeitsteilig könnte eine Person die

---

[51] Große Literatur arbeitet häufig nach diesem Schema. Die einsame Heldin / der einsame Held zieht in die Welt und besteht vielfältige Abenteuer. Nachdem gegen Ende ein Scheitern wahrscheinlich ist, wird – meist gemeinschaftlich mit anderen - die Situation doch noch bewältigt. Die Heldin / der Held siegt, wird HerrscherIn und das Land prosperiert. Wer hat so eine Schreib-Architektur eigentlich schon mal zur Grundlage für das Entwickeln einer Gebrauchsanleitung für eine Waschmaschine genutzt?

Inhalte liefern und eine andere diese in eine lesbare Form bringen.

Die Entwicklung der Geschichte ist aber ein Projekt der ganzen Community!

Wie bei dem Beitragsleitbild auch, kann das Ergebnis dieser gemeinsamen Arbeit dann von Einzelnen beschrieben und ausformuliert werden. Die Gemeinschaft sollte mit dem Ergebnis einverstanden sein, dies abstimmen und dadurch zu *ihrem* Eigentum machen.

Kurze Checkliste für einen erfolgreichen Start

Welche Art von Community soll entstehen? Welche Leidenschaft steht im Zentrum der sich bildenden Gemeinschaft? Was ist „unser Thema"?

Wie ist die Situation und welches ist der Bezugsrahmen der Beteiligten? Wer sind die Stakeholder? Wie ist ihre jeweilige Lebensumwelt? Womit und mit wem haben wir es zu tun?

Möglichkeitsraum (Transformation): Welche Möglichkeiten zeichnen sich am Horizont ab? Wo kann es hingehen?

Wachsen: Was bringt die Community wirklich vorwärts und woran merken wir, dass es wirklich ein Vorwärts ist? Wie werden wir wachsen?

Gemeinsam zu lernen ist Teil des Wachstumsprozesses und Basis der Community of Practice. Lernen bewusst zu planen ist Teil des Entstehungs- und Entwicklungsprozesses. Wie lernen wir?

Ein gut vorbereiteter organisatorischer Rahmen bietet die sichere Umgebung, damit die Community arbeiten kann (Wer macht was mit wem, wo und bis wann). Wie organisieren wir uns?

Wie verbinden wir uns? Welche Rituale, Gewohnheiten, Kulturen vereinen uns und helfen uns, eine Community zu werden?

Schlussbemerkung

Ich hoffe, es ist ein wenig gelungen, die weitreichenden Möglichkeiten und Chancen dieses so umfangreichen und flexiblen neuen Werkzeugs darzustellen und dabei etwas von der Begeisterung transportiert zu haben, die ich selbst für diese Form der Selbstorganisation empfinde. Sicher ist dieses Buch auch nur ein - wenn auch wichtiger - Zwischenschritt. Die großen Herausforderungen und Veränderungen, mit denen sich die Welt derzeit konfrontiert sieht, erfordern neue Methoden, mit deren Hilfe sich Menschen miteinander verbinden. Diese müssen mit einem Maximum an Flexibilität einhergehen, denn starre und überholte Strukturen sind wichtige Ursachen, die zu den Zuständen geführt haben, unter denen diese Welt leidet. Die CoP kann einen wichtigen Beitrag dazu leisten, es besser zu machen. Idealerweise schaffen CoPs dann nicht nur innerhalb ihrer Community neue Wege des Zusammenarbeitens, sondern auch mit anderen CoPs, und das am besten noch weltweit. Man stelle sich vor, wie die sieben genannten Beispiel-Communities überall auf der Welt mit anderen CoPs interagieren, die ähnliche Fragestellungen und Erfahrungen machen. So könnten sich „Super-Communities" oder ganze CoP-Welten bilden.

Schaffen wir Verbindung!

Über den Autor

Arnd Corts lebt mit seiner Familie im südlichen Westfalen und ist selbstständiger Kaufmann und Organisationsberater. 2004 gründete er ein Startup als virtuelles Unternehmen im Sportbereich und machte nebenher seine Leidenschaft, Menschen und Organisationen zu entwickeln, zu seinem zweiten Beruf.

Dem Wirtschaftsingenieur (FH) und Existenzanalytiker/Logotherapeut (DGLE) begegnet die Community of Practice immer wieder und in unterschiedlichsten Kontexten. So lernte er die transformierende Kraft der Community of Practice in Feldern wie Wirtschaft, Kirchen, Interessens- und Umweltgruppen kennen.

Als Praktiker liegt ihm dabei besonders die konkrete Umsetzung dieser so wichtigen neuen Möglichkeit des Lernens und Transformierens am Herzen. So vermittelt er mit Leidenschaft in *Seminaren* oder als *Berater* die Prinzipien u.a. der Community of Practice und begleitet die konkrete Umsetzung.

Auf der Suche nach Methoden, um Komplexität verständlich und beherrschbar zu machen, stieß er auf Stufenmodelle, die auf evolutionären Dynamiken beruhen. Insbesondere die persönliche Begegnung mit Don E. Beck und der von ihm entwickelten „Spiral Dynamics Integral®", einem Metamodell aus der Entwicklungspsychologie, hinterließen bei aller Begeisterung eine

Lücke, wenn es darum ging, theoretische Modelle zur Gestaltung von Veränderungsprozessen praktische Wirklichkeit werden zu lassen. Hinzu kam, dass überall auf der Welt viele Menschen eine kollektive Bewusstseinsveränderung feststellen, die jedoch wenig konkrete Einflüsse und Veränderungen nach sich zu ziehen scheint.

Nach wie vor besteht offensichtlich ein Bedarf an geeigneten „Tools", um bei Einzelpersonen oder Gruppen Transformationsprozesse erfolgreich durchzuführen. Die Community of Practice ist in dieser Hinsicht ideal, weil die Prinzipien zeitlos sind und die CoP als Methode in fast jeder Situation und auf jedem Level sofort um- und einsetzbar ist.

Arnd Corts plant weitere Veröffentlichungen on- und offline, die zusätzliche Werkzeuge für die genannten Ziele zur Verfügung stellen werden.

Informationen und Möglichkeiten, Dich mit einer weltweit wachsenden Community zu verbinden, findest Du unter

www.Communities-of-Practice.org

Literaturverzeichnis

"Building successful communities of practice", Webber, Emily, Tacit, Drew London Ltd, UK 2016

"Business Model Generation", Osterwalder, Alexander, Pigneur, Yves, Campus Verlag, Frankfurt, 2011

„Circle: die Kraft des Kreises", Baldwin/Linnea, Beltz Verlag, Weinheim und Basel, 2014

"Communities of Practice", Wenger, Etienne, NY, Cambridge University 2018

"Cultivating Communities of Practice", Wenger, McDermott, Snyder, Harvard Business School Publishing, Boston 2012

"Das schöpferische Universum: Die Theorie des morphogenetischen Feldes", Sheldrake, Rupert, Ullstein Taschenbuch, 2009

„Die 7 Wege zur Effektivität", Covey, Stephen R., Gabal Verlag, Offenbach, 51. Auflage 2018

„Einführung in Großgruppenmethoden"", Seliger, Ruth, Carl Auer Systeme Verlag, Heidelberg, 2015

„Generative Trance, die Erfahrung kreativen Flows", Gilligan, Stephen, Junferman Verlag, Paderborn, 2014

"Green Wizardry", Greer, John Michael, New Society Publishers, Ca Gabriola Island, 2013

„Grundlagen der Führung", Von Rosenstiel, Lutz, Stuttgart 1999

„Indras Netz", Dowsett, Eric, ISBN 978-0-9830907-3-1

"Management of Organizational Behavior", Hersey, P., Blanchard, K., , Prentice Hall, New Jersey, 1982

"Learning in Landscapes of practice", Wenger-Trayner, Fenton-O'Creevy, Hutchinson, Kubiak, Wenger-Trayner, Kindle-Version., Oxon UK, 2015

"Spiral Dynamics, Mastering Values, Leadership and Change", Beck, Don E./Cowan, Christopher, Blackwell Publishing 2003

"Management of Organizational Behavior", Hersey, Paul und Blanchard,.Kenneth, Dowey, E., Prentice-Hall, New Jersey 1982

„Organisation in einer digitalen Zeit", Foegen/Kaczmarek, wibas GmbH Darmstadt, 2016

"Time to Think", Nancy Kline, Rowohlt-Verlag, Reinbek 2016

"The Art of Thinking in Systems", Steven Schuster, 2018

"Thinking in Systems: A Primer", Wright, Diana, Meadows, Donella, Chelsea Green Pub, 2015

"Who Do We Choose To Be?: Facing Reality, Claiming Leadership, Restoring Sanity", Margaret Wheatley, Berrett-Koehler Publishers 2017

"Working in Whole Systems", Pratt, Gordon, Plumping, Radcliffe Publishing, Oxon UK 2015

Printed in Poland
by Amazon Fulfillment
Poland Sp. z o.o., Wrocław